Laabs Kowalski

SO ZÄRTLICH WAR DAS RUHRGEBIET

W0267095

LAABS KOWALSKI

SO ZÄRTLICH WAR DAS RUHR-GEBIET

EINE KINDHEIT IN DEN SIEBZIGER JAHREN

SATYR VERLAG

Die Fotos in diesem Buch entstammen dem Privatarchiv von Laabs Kowalski. Autor und Verlag bedauern, dass die Urheberschaft der Dortmunder Stadt- und Straßenansichten nicht mehr nachvollzogen werden konnte. Urheber der Bilder werden freundlich gebeten, sich beim Verlag zu melden. Das Foto auf S. 64 stammt von Bernd Stangl.

2. Auflage November 2015

© Satyr Verlag Volker Surmann, Berlin 2015
www.satyr-verlag.de

Cover: Marvin Ruppert unter Verwendung einer Fotografie aus dem Archiv Kowalski (Fotograf nicht ermittelbar)
Druck: CPI books GmbH, Leck
Printed in Germany

Die Deutsche Nationalbibliothek verzeichnet diese Publikation in der Deutschen Nationalbibliografie; detaillierte bibliografische Daten sind im Internet abrufbar über: http://dnb.d-nb.de

Die Marke »Satyr Verlag« ist eingetragen auf den Verlagsgründer Peter Maassen.

ISBN: 978-3-944035-53-6

EINLEITUNG

Die siebziger Jahre des vorigen Jahrhunderts begannen mit der Auflösung der Beatles und endeten mit dem Mord an John Lennon.

Nein, das ist falsch.

Die Siebziger begannen wahrscheinlich bereits 1969 und endeten (in meinem Fall) elf Jahre später, am 17.6.1980, als die Band Led Zeppelin in der Dortmunder Westfalenhalle spielte. Robert Plant, der Sänger der Gruppe, sah bei diesem Konzert leider nicht mehr wie ein Rockgott aus, sondern mehr wie Bernhard Brink. Die Setlist war ebenfalls lausig. Nach siebenjähriger Pause waren Led Zeppelin nun endlich wieder auf deutschen Konzertbühnen zu Gast, und was boten sie einem? Ein einstündiges Ärgernis mit Songs wie »Hot Dog« und »Fool in the Rain«! Kein Zweifel, die Achtziger hatten begonnen, selbst die größte Rockband der Welt rockte nicht mehr. Instinktiv spürte man: Ein großartiges Jahrzehnt war zu Ende gegangen, die Welt, die man geliebt hatte, gab es nicht mehr. – Zeit, sich ihrer zu erinnern.

Für mich persönlich starteten die siebziger Jahre damit, dass ich in den Pausen vom Schulhof der Brechtener Grundschule in Dortmund auf die Pos miniberockter Mädchen der benachbarten Hauptschule starrte. Es wirkte, als wären die Mädchen aus ihren Röcken herausgewachsen, so wie die gesamte Gesellschaft aus den Kleidern der Vergangenheit herausgewachsen war, um sich nun kindlich und naiv allem zuzuwenden, wenn es nur bunt, schrill und irrational war.

Wir wuchsen auf in einem Meer schreiender Farben. Ebenso war das Design plötzlich aus den Fugen geraten, entwickelte ein grelles Eigenleben und wartete mit Formgebungen auf, die uns heute verblüffen. Was war los mit den Menschen jener Ära, die optisch in der übergeschnappten Ästhetik ihrer Dekade verschwanden und in irrsinnig gemusterten Polyester-Pullovern vor gelb-violetten Tapetenmonstern für ein Foto posierten, auf dem sie sich in aberwitzigen Farbkontrasten verloren und beinahe unsichtbar wurden? Niemand vermag das heute präzise zu sagen. Es war, als hätte sich die gesamte Menschheit willentlich in eine Sphäre der Wahrnehmung versetzt, in der die Regeln des guten Geschmacks keine Gültigkeit hatten.

In den Hitparaden tummelten sich tuntige Freaks wie Marc Bolan, Chris Roberts, Gary Glitter und die Osmonds. Gymnasiasten hörten sperrige Kraut- und Progrock-Musik von Bands wie Gentle Giant, Yes und Amon Düül 2. Es gab ein kurzes Rock'n'Roll-Revival, der Pubrock erlebte eine kurze Blütezeit, der Disco-Sound eroberte und veränderte die Jugend der Welt, Reggae wurde populär, und daneben gab es eine Fülle alt- und neumodischen Nebeneinanders, die jede Überschaubarkeit hinter sich ließ. Viele Künstler, die in den Sechzigern erfolglos versucht hatten, an die Spitze zu kommen, wurden nun als Genies und Götter gefeiert. David Bowie und die vier Musiker von Pink Floyd stiegen in die Liga der Superstars auf. Alles, wirklich alles schien möglich.

Gerechterweise muss hinzugefügt werden, dass ein Großteil des musikalischen Unrats, den die Siebziger ausspien, zum Zeitpunkt des Erscheinens etwas Magisches hatte. Dasselbe Phänomen, das bewirkte, dunkelbraun gestrichene Raufasertapeten in Verbindung mit grün lackierten Türrahmen für das Nonplusultra progressiver Raumgestaltung zu halten, trieb auch in der Popmusik seine seltsamen Blüten. Und dieses Phänomen betraf nicht nur den Rock. Auch im deutschen Schlager tauchte

Seltsames auf. Ein in Hamburg lebender Waldschrat namens Willem, der zur sogenannten Hamburger Szene gehörte, eroberte mit seinem Lied »Tarzan ist wieder da« Spitzenpositionen. Auch Frank Zander mischte mit »Oh Susi« ganz vorne mit, und Vader Abraham krönte diese Reihe musikalischen Schnickschnacks mit seinem »Lied der Schlümpfe«, das europaweit den Radioäther verseuchte.

Wie in der Musik, so präsentierten sich auch die Fernsehserien mit Vorliebe realitätsfern. Science-Fiction hatte Hochkonjunktur. Die Serien *UFO*, *Die Mädchen aus dem Weltenraum* und *Raumbasis Alpha* wären da zu nennen. Selbst die Spielzeugdesigner der britischen Firma Matchbox rasteten aus und entwarfen Spielzeugautos, in denen die Wirklichkeit nur noch als Marginalie anzutreffen war.

Von all diesem liebenswerten Irrsinn soll in diesem Buch die Rede sein sowie von den einenden Kollektiv-Erfahrungen, die die Siebziger all denen gaben, die in ihnen herangewachsen sind.

Denn nie wieder danach waren die persönlichen Erlebnisse von Kindern und Jugendlichen so identisch und allgemein verbreitet wie in den uns heute so glücklich-fremd erscheinenden siebziger Jahren.

All diejenigen, die zwischen 1959 und 1969 geboren sind, haben in ihrer Kindheit und Jugend Erlebnisse und Erfahrungen gemacht, die im Rückblick generationstypisch sind: Erinnerungen an Bonanza-Fahrräder, die Musiksendung *Disco*, den ZDF-Vierteiler *Der Seewolf* mit Raimund Harmsdorf und an Familien, die abends *gemeinsam* vor dem Fernseher saßen. Zu diesen kollektiven Erinnerungen gehört auch das samstägliche Baderitual. Und wenn die Mutter rief: »Raus aus der Wanne, *Enterprise* fängt an!«, war Eile angesagt, denn auf keinen Fall wollte man auch nur eine Sekunde des Serienvorspanns verpassen:

»Der Weltraum. Unendliche Weiten. Wir schreiben das Jahr 2200. Dies sind die Abenteuer des Raumschiffs Enterprise*, das mit seiner vierhundert Mann starken Besatzung fünf Jahre lang unterwegs ist, um neue Welten zu erforschen, neues Leben und neue Zivilisationen. Viele Lichtjahre von der Erde entfernt, dringt die* Enterprise *in Galaxien vor, die nie ein Mensch zuvor gesehen hat.«*

Wehmut und Sehnsucht, die Ahnung, dass das Leben größer und wunderbarer sei, als man sich dies mit acht, neun oder zehn Jahren vorzustellen in der Lage war, schwangen in diesen Worten mit. Blitzsauber, ein von Mama mit Gürkchen garniertes Wurstbrot in der Hand, saßen wir, von einem seltsamen Zauber erfüllt, auf dem Sofa und verfolgten die Abenteuer von Captain Kirk, Pille und Spock, deren Erlebnisse zugleich ein gerauntes Versprechen betreffs unserer eigenen Zukunft waren.

Das ZDF lockte uns aber nicht nur mit *Raumschiff Enterprise* aus der Wanne hervor. Der Vorabend, das war auch der Sendeplatz von *Daktari*, von *Tarzan* mit Ron Ely, von *Dick & Doof*, dem *Rosaroten Panther* und von *Schweinchen Dick*. Nie sind wir, wie wir da so friedlich auf den Bildschirm starrten, dem Paradies nähergekommen. Solange wir schauten, existierte die wirkliche Welt nicht für uns. Wir waren, ohne uns darüber im Klaren zu sein, zu Größerem und Wahrerem vorgedrungen. Frieden hielt unsere noch jungen Seelen umfasst. Und das Beste: Noch war der Fernsehabend nicht vorbei. Je einmal im Monat warteten nach den Nachrichten entweder die *ZDF-Hitparade* oder die Musiksendung *Disco* mit Betonseitenscheitel Ilja Richter auf uns und zementierten unser kleines Paradies, sponnen uns ein in einen Kokon und sorgten für familiäre Eintracht vor dem Fernsehgerät.

Das Programm umlullte uns, auch Mama und Papa überließen sich dem Phlegma und injizierten sich ihre Wochenenddosis. Denn ja, das Fernsehen war in Teilen tatsächlich die von linksorientierten Journalisten vermutete Droge, die das Volk umnebelte und dafür sorgte, dass es sich friedlich verhielt. Was uns rückblickend in unseren Erfahrungen eint und nun dafür sorgt, dass wir im Gespräch mit ungefähr Gleichaltrigen den Zauber unserer Jugendjahre heraufzubeschwören vermögen, ist auch das Ergebnis einer oktroyierten Konformität. Uniform in unseren Vorlieben, lieferten uns die öffentlich-rechtlichen Sender TV-Formate, die unsere Wahrnehmungen und Denkrichtungen de-individualisierten, ganz besonders am Wochenende, wenn das Samstagabendprogramm mit großen Shows wie *Einer wird gewinnen*, *Am laufenden Band* und *Musik ist Trumpf* fortgesetzt wurde. So erlebten wir nicht nur in der realen Welt, in der Schule und am Arbeitsplatz, letzten Endes alle dasselbe, sondern wurden auch medial einheitlich geprägt.

Für uns Kinder setzte sich diese mediale Gleichschaltung am Sonntagmittag mit dem Kinderprogramm fort. *Der Kli-Kla-Klawitterbus*, *Das feuerrote Spielmobil* und die *Rappelkiste* lockten uns erneut vor das Fernsehgerät. Aber es gab noch eine andere, sehr wesentliche Gemeinschaftserfahrung: Nicht nur, dass Kinder damals noch harmlose Spiele wie *Verstecken* oder *Räuber und Gendarm* spielten und sich dazu freiwillig nach *draußen* begaben – immer und überall waren Horden von Kindern auf den Straßen präsent! Es waren die geburtenstarken Jahrgänge vor dem sogenannten Pillenknick; um Spielkameraden zu treffen, musste man sich nicht erst zuvor verabredet haben, sondern man ging einfach vor die Tür. Und fand man wider Erwarten keine Gleichaltrigen vor, klingelte man einfach an einer Haustür an und fragte: »Kommt der Ralle raus?«

Wer in Vororten aufwuchs – und sind wir das zum größten Teil nicht alle? –, dem bot sich eine Fülle von Möglichkeiten, die Zeit zu verbringen. Überall wurde gebaut, sodass man auf den Baustellen herumturnen konnte. Andernorts stand der Abriss des

Alten noch aus, und leer stehende Häuser stellten einen noch viel abenteuerlicheren Spielplatz dar. Brachflächen umzirkelten die in den späten Sechzigern aus dem Boden gestampften Siedlungen und luden zu Erkundungen ein.

Eine meiner Erinnerungen: An der Ecke Evinger Straße/Rauher Kamp in Dortmund-Brechten stand ein altes Fachwerkhaus, das von seiner Bewohnerin, einer alten, schwarzhaarigen Frau, bereits geräumt worden war. Gemeinsam durchstreiften wir Kinder die teilweise noch möblierten Räume und demontierten schließlich Teile der Dachrinnen, die noch aus Blei bestanden, um es einzuschmelzen und aus ihm Figuren zu gießen.

Eines Nachmittags versammelte sich, ohne dass es eine Absprache gegeben hätte, eine große Horde von Kindern in diesem Haus und begann mit dessen systematischer Zerstörung. Die Scheiben wurden eingeworfen, Wände durchbrochen und die gefüllten Einmachgläser, die wir im Keller entdeckten, gegen die Außenwände geworfen. Nichts hielt unserer kindlichen Zerstörungswut stand. Doch das eigentlich Bemerkenswerte an dieser Orgie der Verwüstung war, dass kein vorbeikommender Erwachsener oder etwaiger Nachbar uns Kinder daran hinderte. Wir wüteten, lustvoll, und niemand, der uns dabei zusah, sagte: »Seid ihr denn des Wahnsinns? Ihr könnt doch nicht oben auf dem Dach rumturnen und Dachpfannen runterschmeißen! Seid ihr denn bescheuert, ihr Bälger?«

Fast eine Woche lang wurde das alte Fachwerkhaus zum Lieblingsspielplatz von uns Kindern, und als eines Tages tatsächlich die Mitarbeiter einer Abbruchfirma erschienen, gab es für sie nur noch wenig zu tun. Wir Kinder hatten gründliche Arbeit geleistet.

Man stelle sich die gleiche Szene heute vor: Eltern, die zusähen, wie ihre Kinder auf einem Dachfirst herumturnen, würden tausend Tode sterben. Und warum? Weil sie in der Regel oft bereits um die vierzig sind und damit zu alt, um gelassen zu sein. Unsere Eltern dagegen waren jung. Als ich zehn Jahre alt war, waren meine Eltern dreiunddreißig, und andere Eltern gleichaltriger Kinder waren noch jünger als sie. Wichtiger aber war: Die Eltern unserer Jahrgänge hatten als Kinder noch die letzten Kriegsjahre miterlebt, zumindest aber die Nachkriegsjahre, und selber in Ruinen gespielt. Sie waren damit beschäftigt, sich ihr Leben aufzubauen und beruflich vorwärtszukommen. Es war ihnen eine Mischung aus Langmut und Gleichgültigkeit zueigen. Sie wurden nicht nervös, wenn ihr Nachwuchs stundenlang fort war und sie nicht wussten, wo ihre Kinder waren und was sie eigentlich trieben. Wichtig war nur, dass man pünktlich zum Abendbrot wieder zu Hause war, meist mit unglaublich verdreckter oder zerrissener Kleidung und mit aufgeschürften Knien, weil man von einem Baum gefallen oder in ein Bunkerloch gestürzt war, sich in Stacheldraht verheddert hatte, auf Kohlehalden rumgeklettert oder beim Molche-Angeln in den Teich gestoßen worden war. – Kindheit war ein aufregendes, täglich neu definiertes Spektakel, und jeder Tag, jeder Nachmittag schien endlos zu sein. (Exemplarisch dargestellt scheint mir die Siebziger-Jahre-Kindheit in der Fernsehserie *Vorstadtkrokodile*, die auf einem Jugendbuch des Autors Max von der Grün basiert, sowie im Spielfilm *Nordsee ist Mordsee* von Hark Bohm.)

Zurückblickend mag man sich bisweilen fragen, wie wir als Kinder überhaupt so lange überleben konnten. Wir saßen in Autos, die weder mit Sicherheitsgurten noch mit Airbags ausgestattet waren. Unsere Kindermöbel und Spielsachen waren voller Blei und Kadmium. Beim Fahrradfahren trugen wir nie einen Helm. Wir aßen Süßigkeiten und wurden trotzdem nicht zu dick. Wir tranken mit anderen Kindern aus derselben Flasche und starben nicht nur nicht daran – wir kriegten nicht mal Herpes. Statt Playstation, Wii, Nintendo und dergleichen mehr hatten wir etwas, das viel, viel besser war: Geschwister, Spielgefährten, Freunde.

Und eine Familie, die hatten wir auch – eine mit vielen Tanten, Onkeln, Cousins und Cousinen, Großtanten, Großeltern und anderen, die nicht mit uns verwandt waren, aber dennoch zur Familie gehörten.

Auch ich hatte so eine Familie. Dies hier ist ihre Geschichte, eine Geschichte, die in den siebziger Jahren im Ruhrgebiet spielt, genauer gesagt in Dortmund. Und Dortmund war zu diesem Zeitpunkt eine schmutzige Stadt. Die Hochöfen und Zechen waren noch nicht stillgelegt, sondern standen in vollem Betrieb, vierundzwanzig Stunden am Tag. Rußpartikel schwebten in der Atemluft, Smog verdüsterte den Himmel. An manchen Tagen war es unklug, die frisch gewaschene Wäsche im Freien zum Trocknen aufzuhängen. Sie wäre binnen einer Stunde wieder schmutzig gewesen. So war das im Pott.

Wenn ich heute nach Dortmund komme, erkenne ich meine alte Heimatstadt kaum wieder. Daran ändert auch das große »U« nichts, das in der Stadtmitte über der ehemaligen Union-Brauerei thront. Früher, ja, da ist das »U« ein Wahrzeichen Dortmunds gewesen, so wie die Reinoldikirche und Westfalenhalle auch, heute ist es nur noch ein Relikt.

So ist das. Alles unterliegt der stetigen Veränderung. Der Lebensstil und die Lebenshaltung, die einmal so typisch für Dortmund und das Ruhrgebiet waren, sind nach und nach verschwunden. Strukturwandel! – Schwerindustrie? Es gibt sie kaum noch. Nur unser Dialekt, hömma, der ist uns geblieben – ein Dialekt, der Erinnerungen weckt, egal, wo man ist. Abba wem sachich dat, woll?

1965

SO EIN BETRUG!

»Herzflöte, ihr Luschen!«

Papa strahlte, als er mir diesen Satz beigebracht hatte. Der erste vollständige Satz, den ich sprach. Mama war nicht ganz so begeistert.

Papa setzte mich auf die Rückbank seines roten Opel Rekord und fuhr mit mir zur Gaststätte *Nordlicht* in der Schützenstraße. Sein Bruder Manni wohnte gegenüber, Hausnummer 119.

Papa führte mich seinen Brüdern und Bekannten vor, die in einer Ecke Karten spielten.

»Hört mal, was mein Kleiner sagen kann!«

Er schaute mich an, und ich wiederholte artig: »Herzflöte, ihr Luschen!«

Papas Kartenspielerfreunde waren begeistert.

»Hömma, wenn aus dem nicht mal ein 1a Zocker wird!«, war die einhellige Meinung. Dann setzte sich Papa zu ihnen und stieg in das laufende Spiel ein. Mich hatte er zum Spielen auf den Kneipenboden gesetzt. Der Dackel eines Gastes kam und leckte über mein Gesicht. Später tranken er und ich zusammen Wasser aus einer Schale, die uns der Wirt hingestellt hatte.

Nach ihrer Heirat wohnten Mama und Papa zunächst bei Omma Zarth in einem alten Haus, das in der Bülowstraße an das Postgelände grenzte. Auch Papas jüngere Geschwister Rita, Heinzi, Bernhard und Catcher wohnten noch dort. Statt eines Badezimmers gab es eine Toilette im Treppenhaus und den Küchenspülstein, um sich morgens zu waschen. Gebadet wurde im Waschhaus im Hof, wo eine große Zinkbadewanne stand, die alle Mieter benutzten.

Mama und Papa schliefen in einem Schrankbett. Als Mama mit mir schwanger war, klappte es eines Nachts ohne Vorwarnung hoch, und ihr dicker Bauch wurde gequetscht. Später, als ich größer war und wieder mal was ausgefressen hatte, sagte Papa immer: »Verdammtes Schrankbett! Kein Wunder, dass der Junge nicht alle Datteln an der Palme hat.«

Als ich dann auf die Welt gekommen war, zogen Mama und Papa in eine eigene Wohnung in der Elisabethstraße, Hausnummer 6. Das Stadttheater war ganz in der Nähe. Sonntagmorgens krabbelte ich zu Papa ins Bett, und er erzählte mir Märchen: wie Rotkäppchen den bösen Wolf verschlang, wie Frau Holle in einen hundertjährigen Schlaf fiel, als sie vom Tischleindeckdich aß, und wie Rumpelstilzchen von den sieben Zwergen eine Riesenbohne bekam, deren Stamm bis in den Himmel hinauf wuchs, wo sich ein Schloss aus purem Gold befand. In dem hielt ein böser Riese die Königstochter Rapunzel gefangen, die nichts anderes als nur Kartoffelschalen zu essen bekam. Doch Rumpelstilzchen befreite Rapunzel, und gemeinsam mit einem Flaschengeist spielten sie Skat bis an ihr Ende.

Als ich Jahre später die Hausmärchen der Brüder Grimm zum ersten Mal las, war ich entsetzt. Die Brüder Grimm hatten alles durcheinandergebracht, und statt Rumpelstilzchen hatte sich ein doofes Mädchen namens Schneewittchen zu den sieben Zwergen verirrt. So ein Betrug!

Papa arbeitete als Gebietsleiter, erst für Canada Dry, dann für Pepsi-Cola. Von ihm lernte ich, dass Coca-Cola überzuckert sei und deshalb bäh-bäh. Zu Mamas Kummer kündigte er, um sein eigener Chef zu sein. In Dortmund-Wambel machte er eine Imbissbude

meine Eltern, ca. 1962

Die Brücke über den Schlachthof, der sich in der Nordstadt zwischen Leopold- und Kurfürstenstraße befand.

mit angeschlossenem Büdchen auf. Auch Mama arbeitete dort. Währenddessen passten meine Tante Rita oder Onkel Bernhard auf mich auf. Später kam ich dann in die Kindertagesstätte, die zwischen Leopold- und Kurfürstenstraße neben einem Schlachthof lag. Dieser befand sich direkt hinter dem Bahnhof, und eine lange und hohe Fußgängerbrücke führte über ihn hinweg.

Im Kinderhort musste man einen Mittagsschlaf machen, vorher bekam man eine Fluortablette gereicht. Viele der Kinder mochten sie nicht, und sie gaben sie mir. So nahm ich jeden Tag ungefähr zwanzig von ihnen ein.

Papa stellte eine junge Frau namens Christel ein, die Mama im Kiosk und im Imbiss zur Hand gehen sollte. Er selbst fuhr meist zu Omma Zarth, um mit seinen Brüdern, wenn sie Mittagschicht hatten, Karten zu spielen.

»Herzflöte, ihr Luschen!«

Eines Tages erklärte mir Mama, ich würde bald ein Brüderchen bekommen. Ein Brüderchen, das war zigmal besser als ein weiteres Matchbox-Auto, zumal ich alle Modelle schon hatte. Jeden Morgen auf dem Weg zum Kinderhort kaufte Mama mir im Spielzeugladen auf der Münsterstraße eins, damit ich, wenn sie mich abgab, nicht so fürchterlich schrie.

Danach gefragt, welchen Namen ich meinem Brüderchen geben wolle, sagte ich: »Stefan«, weil mein bester Freund im Kinderhort so hieß. Aber als Papa vom Standesamt zurückkehrte, hatte er den Namen Martin eintragen lassen. Mama regte sich fürchterlich auf. Ich zum Beispiel hätte eigentlich Thomas heißen sollen, doch als Papa nach meiner Geburt zum Standesamt ging, hatte er sich spontan für Michael entschieden. Auch davon war Mama nicht begeistert gewesen. (Michael Laabs ist mein Taufname. Den Beinamen Kowalski sollte ich erst viel später erhalten.)

***

Mein Brüderchen war klein, lag in seiner Wiege und schrie. Wahrscheinlich hatte es Hunger. Mama war im Badezimmer und wusch, weil wir noch keine Waschmaschine besaßen, Wäsche von Hand. Ich holte meine Bongbong-Tüte und steckte Martin zwei Haribo in den Mund. Trotzdem schrie er noch immer.

Ich steckte ihm zwei weitere Bongbongs in den Mund, doch Martin schrie weiter. Also gab ich ihm weitere zwei und noch einmal zwei. Als die Tüte leer war, kam Mama und schrie, und ich begriff, das kleine Brüderchen doof waren. Sie interessierten sich nicht mal für Cowboy- und Indianerfiguren, und mit Martin im Treppenhaus Fangen spielen konnte man auch nicht. Nicht mal, was eine Herzflöte ist, wusste mein Bruder, und wenn ich ihn mal fallen ließ, fing er sofort an zu schreien.

Da war mein Freund Ulli, der im Nebenhaus wohnte, ganz anders. Der hatte jede Menge guter Ideen: von der Fußgängerbrücke über der Ruhrallee, Höhe Sonnenstraße, Steine auf die unten fahrenden Autos schmeißen zum Beispiel. Oder sich längsseits auf die S-Bahn-Gleise legen und darauf warten, dass eine S-Bahn über einen hinwegrollt. Aber als wir das einmal versuchten, kriegten wir Angst, als der Zug sich näherte. Wir sprangen auf und rannten davon. Aus der Entfernung sahen wir zu, wie die S-Bahn eine Vollbremsung machte. »Verdammtes Schrankbett!«, hätte Papa sicherlich gesagt, hätte er von diesen Aktionen erfahren.

***

Mit Papa und Onkel Heinzi besuchte ich Onkel Catcher im Krankenhaus an der Immermannstraße. Onkel Catcher lag nur in Unterhose auf dem Bett, hustete und rauchte Zigaretten ohne Filter. Um seinen Kopf trug er einen weißen Verband. Beim Kartenspielen im *Nordlicht* hatte er sich mit einem Mitspieler gestritten, ihn niedergeschlagen, die Kneipe zerlegt und sich mit den herbeigerufenen Polizisten noch ein kleines Scharmützel geliefert, in dessen Verlauf er den Kürzeren gezogen hatte.

Papa packte ein Kartenspiel aus und steckte sich eine Zigarette in den Mund. Kaum hatte er die Karten verteilt, kehrte Onkel Catchers Zimmergenosse zurück. Er protestierte wegen des Qualms. Onkel Catcher stand trotz seiner Kopfschmerzen auf und würgte den Mann, bis Onkel Heinzi sagte, nun sei es genug, Onkel Catcher solle sich auf das Spiel konzentrieren. Der Zimmergenosse war plötzlich gesund, zog sich an und sagte, zu Hause ginge es ihm besser.

»Herzflöte, ihr Luschen!«

***

In der Tierabteilung von Karstadt kaufte mir Mama einen Wellensittich. Er war gelb und grün, und ich trug ihn in einer Papierschachtel nach Hause. Ab und zu schüttelte ich die Schachtel, um zu sehen, ob der Wellensittich noch da war. Mama sagte, ich solle das lassen.

Zu Hause legten wir den Wellensittich auf den Wohnzimmertisch. Er schien auf dem Weg von der Tierabteilung bis in die Elisabethstraße eingeschlafen zu sein. Auch am nächsten Tag schlief er noch fest.

Der nächste Wellensittich wurde von Mama nach Hause getragen. Ich ließ Wasser in die Badewanne laufen und legte den Vogel hinein. Lustlos schwamm er herum, und Wellen machte er auch keine großen. So ein Betrug! Dann ging er mit einem Mal unter. Ich nahm ihn heraus.

Weil er nass war, trug ich ihn in die Küche, um ihn im Backofen zu trocknen, aber Mama sagte, das wäre nicht nötig und steckte ihn in den Käfig zurück.

Meine Mutter im Verkaufsfenster der Pommesbude in der Rüschebrinkstraße in Dortmund-Wambel. Der Kiosk befand sich rechts daneben.

Mit meinem Freund Ulrich (rechts) vor dem Haus in der Elisabethstraße 6.

Mein Freund Ulli behauptete, es heiße nicht »Bongbongs«, sondern »Bomboms«. Wir fragten seine Oma. Die meinte, dass es »Bömsken« heiße. Sie war schon sehr alt und nicht mehr ganz richtig im Kopf.

Eine Woche später besuchte ich mit Papa und Onkel Catcher Onkel Manni, Papas ältesten Bruder, in der Unfallklinik an der Immermannstraße. Beim Kartenspielen im *Nordlicht* hatte er sich mit einem Mitspieler gezankt, ihn niedergeschlagen, die Kneipe zerlegt und bei einem kleinen Scharmützel mit den herbeigerufenen Polizisten den Kürzeren gezogen.

Auch in der Unfallklinik war der Zimmergenosse von Onkel Manfred plötzlich gesund, nur mit dem Unterschied, dass kurz darauf ein Chefarzt kam, der sagte, das Rauchen auf den Zimmern wäre verboten. Der Chefarzt war dann nicht mehr gesund, und Onkel Manfred hatte Glück und wurde noch am selben Tag entlassen.

1969

GESETZE SIND DOOF

Nur noch wenige Wochen, dann würde ich endlich in die Schule kommen. Ich konnte bereits einige Wörter schreiben, die Papa mir beigebracht hatte: Pik-As, Pik-Dame, Herz, Karo, Kreuz und Skat. Außerdem noch Lusche, Flöte und Schrankbett. Meistens reihte ich jedoch nur Buchstaben wahllos aneinander und ging dann zu meiner Mama, um mir das so entstandene Wort vorlesen zu lassen. Mama hielt dann in ihrer Arbeit inne, nahm mir das Blatt aus der Hand und las: »Bmrgfzkljhawasqhyargo.« Komisch, was für Wörter es gab!

Die Schule, auf die ich kam, hieß Petri-Schule, aber am ersten Tag gab es gar keinen Unterricht, sondern nur ein Kasperle-Stück, und schreiben durften wir auch nicht. So ein Betrug! Als ich meinen neuen Schulranzen öffnete, flog Helmut, unser neuer Wellensittich, heraus, und die Lehrerin sagte, dass man Vögel nicht in die Schule mitbringen dürfe. Sie sah ein bisschen aus wie Ullis Oma.

Tanzmäuse mitzubringen war ebenfalls verboten, wie ich am nächsten Tag erfuhr. Wir lernten Kringel und Bogen malen, und die Lehrerin erklärte, dass einem die Eltern Milch- oder Kakaogeld mitgeben könnten. Dann bekäme man vor der ersten Pause jeden Tag Milch oder Kakao.

Ganz zu Beginn schrieben wir auf einer Schiefertafel. Bald aber wurden die Tafeln durch Hefte ersetzt. Alle Kinder hatten einen Geha- oder einen Pelikanfüller, nur ich hatte den alten Füllfederhalter von Papa bekommen, ein uraltes Gerät, das man nicht mit Patronen, sondern mit Tinte aus dem Glas befüllte. Mein Platz in der Klasse war der, wo der Tisch mit der blau eingefärbten Tischplatte stand.

Das Deutschbuch, mit dem wir in der Petri-Schule lesen lernten, hieß »Wunderbare Sachen«. Vorn auf dem Umschlag saßen ein Junge und ein Mädchen unter einem Baum und lasen in dem Buch. Oben im Baum, der eine blaue Blätterkrone hatte, war ein roter Vogel zu sehen. Am aufregendsten war der Buchstabe Ö: »Vater streicht die Möbel in der Küche an. Alles soll wieder schön werden.«

Einmal malte unsere Lehrerin einen Vogel an die Tafel. Als Hausaufgabe sollten wir zehn Sätze schreiben, wohin sich der Vogel setzt. Wenn man seine Hausaufgaben besonders schön machte, so hatte ich gesehen, bekam man von der Lehrerin ein rotes Sternchen in sein Hausaufgabenheft. So ein rotes Sternchen wollte ich auch von der Lehrerin bekommen.

Ich setzte mich zu Hause an den Küchentisch und schrieb:
Der Vogel setzt sich auf den Ast.
Der Vogel setzt sich auf Mamas Schulter.
Der Vogel setzt sich auf den Schrank.

Wie weiter? Ich schaute mich um. Waschmittel stand auf dem Boden neben dem Schrank.

Der Vogel setzt sich auf das Omo.
Der Vogel setzt sich auf das Ata.
Der Vogel setzt sich auf die Milch.
Der Vogel setzt sich auf ...

Ich überlegte. Gar nicht so einfach, etwas zu finden, worauf sich so ein Vogel setzt.

Der Vogel setzt sich auf ein Auto.
Der Vogel setzt sich auf ein rotes Auto.
Der Vogel setzt sich auf ein gelbes Auto.
Der Vogel setzt sich auf rotgelbes Auto.
Der Vogel setzt sich auf ein grünes Auto.
Der Vogel ...

Stolz zeigte ich der Lehrerin am nächsten Tag meine Hausaufgaben. Genau einhundert Mal hatte ich aufgeschrieben, wohin sich der Vogel setzt: auf blaugrüne Autos, gelbrote Türen, rotbraune Türen, auf die Kartoffeln, auf die kleinen Kartoffeln, auf die großen Kartoffeln.

Meine Lehrerin sah mich eigentümlich an. »Der Vogel setzt sich auf das Omo?«, fragte sie.

»Ja!«, antwortete ich. Dass sich der Vogel auf ein Paket Omo-Waschmittel setzt, das hatte bestimmt keiner in der Klasse!

Zu Hause zeigte ich Papa das Sternchen, das die Lehrerin mir ins Heft gemalt hatte. Papa las und fragte: »Der Vogel setzt sich auf das Ata?«

Er sah mich an. »Verdammtes Schrankbett«, sagte er dann.

Das schönste Auto in der Elisabethstraße war Papas Opel Rekord. Es war rot und hatte dort, wo ich mit dem Dreirad reingeknallt war, eine kleine Delle und Kratzer. Dann stand plötzlich ein Ford Capri am unteren Ende der Straße, und der war sogar noch ein bisschen schöner. Noch besser war nur der Ford Mustang aus meinem Autoquartett.

***

In den großen Ferien fuhr Mama mit meinem Bruder und mir zu ihrer Schwester, die weit weg, nämlich in Untergröningen, wohnte. Papa brachte uns zum Bahnhof.

Vor dem Opel Rekord meines Vaters. Man beachte die Schuhe.

Zuerst ging es mit dem Zug bis Schwäbisch Gmünd. Vom Zugfenster sah man einen großen Fluss – »Der Rhein«, sagte Mama – und ganz viele Berge mit Burgen obendrauf. In Schwäbisch Gmünd stiegen wir in einen gelben Postbus um und saßen ganz hinten.

Mamas Schwester hieß Doris und wohnte mit ihren Kindern Regine, Margret, Sabine, Thomas und Achim in einem Schloss. Auch andere Familien mit vielen Kindern wohnten darin. Es gab einen richtigen Schlosshof, und die Zimmer und der Korridor von Tante Doris' Wohnung waren riesig. Ein richtiges Bad gab es

Mein Bruder Martin im Schlosshof

nicht, nur ein Plumpsklo. Wenn man die Spülung zog, öffnete sich eine Klappe, und das Kacka fiel außerhalb der Schlossmauer in einen Fluss, der Kocher hieß.

Der Mann von Tante Doris war ganz dunkel und hieß Adam. Weil er nie etwas sagte, war er mir nicht ganz geheuer. Beim Frühstück schüttete er sich Schnaps in den Kaffee.

Von meinen drei Cousinen war Sabine die schönste. Wir beschlossen, dass wir später einmal heiraten würden. Aber dann fiel mir ein, dass das ja gar nicht erlaubt war, weil wir nicht dasselbe Alter hatten. Sabine war erst fünf und ich schon sechs.

Ich versteckte mich in der Waschküche in einem großen Steintrog und heulte. Gesetze waren doof!

Als Tante Doris mich dort fand, sagte sie, alle hätten sich große Sorgen gemacht und schon geglaubt, ich sei in den Kocher gefallen. Tante Doris erklärte mir, dass man nicht gleich alt sein müsse, wenn man heiraten wolle. Meine Mama sei zum Beispiel ein Jahr älter als mein Papa. Das war eine gute Nachricht, und ich stand auf, um sie meiner zukünftigen Frau zu überbringen.

Abends im Fernsehen kamen nicht die Mainzelmännchen, sondern *Äffle und Pferdle*. So ein Betrug!

Unten im Dorf, am Fuße des Schlossbergs, gab es einen Kaufmannsladen, und Mama kaufte mir *Airfix*-Soldaten. Den steilen Schlossberg wieder raufzulaufen, war gar nicht so leicht.

Onkel Adam briet Schweinehirn in einer Pfanne, außerdem Blut. Mama sagte, ihr würde schon vom Zusehen schlecht.

In den nächsten Tagen kaufte sie mir noch mehr *Airfix*-Figuren. Ich hatte jetzt Germanen, Römer, Wüstenlegionäre und Araber. Die Germanen waren braun, die Römer grau, die Wüstenlegionäre dunkelblau und die Araber gelb. Bei den Arabern waren sogar Kamele mit Reitern dabei.

Im Schlosskeller entdeckten Sabine, Margret und ich alte Kleider. Die hatten einmal den früheren Schlossbewohnern gehört. Sie waren feucht und rochen ganz komisch. Trotzdem zogen wir sie an und spielten Ritterburg. Am nächsten Tag hatten Sabine, Margret und ich Ausschlag auf der Haut, und Mama und Tante Doris verboten uns, die Stinkesachen noch mal anzuziehen, wir hätten uns sonst was wegholen können, die Krätze zum Beispiel.

Dann kam Papa mit unserem Opel Rekord und fuhr Mama, Martin und mich nach Dortmund zurück.

***

Mein Bruder Martin, Regine, mein Vater und Sabine vor dem Schloss in Untergröningen

Mit Onkel Bernhard ging ich sonntags manchmal ins Kino. Dort sahen wir uns Ritterfilme an. Hin und wieder waren die Ritter aber auch Römer. Der beste Film, den ich gesehen hatte, war jedoch im Fernsehen gelaufen. Ein Mann mit einem Handtuch um den Kopf, der Sindbad hieß, musste gegen einen einäugigen Riesen und gegen ganz viele Skelette kämpfen, die sich bewegten. Auch Onkel Bernhard gefiel der Film sehr gut, und er machte den einäugigen Riesen nach, dem ein Horn aus dem Schädel ragte, indem er sich mit einem Gummiband eine Gabel an den Kopf band.

Dann hatte Onkel Catcher Lust auf Pommes, und ich wurde zur Pommesbude in der Herderstraße geschickt. »Da sindse am besten, die Pommes«, sagte Onkel Catcher, »unti Sose ers.«

Und damit hatte Onkel Catcher recht. Die Soße von der Bude war die beste. So gut schmeckte nicht mal die in der Bude von Mama und Papa in Wambel.

***

Auf dem Fußboden im Wohnzimmer spielte ich mit meiner Plastikeisenbahn oder meinen Tierfiguren. Eine ganze Schublade hatte ich voll. Außerdem Cowboy-, Indianer- und Ritterfiguren, die Mama mir bei Woolworth auf der Münsterstraße kaufte.

Manchmal, wenn ich mit ihr in der Innenstadt einkaufen war, gingen wir zu Hertie, dort gab es in der obersten Etage ein Restaurant. Die Kellnerinnen trugen schwarze Uniformen und weiße Schürzen und servierten einem das Essen an den Tisch. Draußen im Eingang stand Omma Burbaum an der Softeismaschine. Wenn wir ihr Guten Tag sagen gingen, kriegte ich gratis ein Eis. Im Winter verkaufte Omma Burbaum statt Eis Kräuterbonbons, die ich nicht mochte. Trotzdem bekam ich immer eine große Tüte voll.

***

Das kleine Mädchen stand verängstigt an eine Hauswand in der Erwinstraße gelehnt. Sein verweintes Gesicht starrte vor Schmutz, und seine Kleidung wirkte verwahrlost. Es war allerhöchstens vier, und von seinen Eltern war weit und breit niemand zu sehen. Die Kleine hatte sich augenscheinlich verlaufen. Mama zögerte nicht eine Sekunde, sondern nahm sie kurzerhand mit.

Bei uns zu Hause stellte sich heraus, dass das Mädchen nicht nur ziemlich verwahrlost, sondern auch ausgesprochen hungrig war. Es aß drei große Pfannkuchen, einen Teller Suppe und ein halbes Brot, und dazu trank es einen Liter Milch, dann wurde die Kleine in die Badewanne gesteckt. Gerade als sie blitzeblank geschrubbt war und von Mama zu Bett gebracht wurde, kehrte unser Vater von der Arbeit zurück. Mama teilte ihm mit, dass sie ein kleines Mädchen auf der Straße aufgelesen habe und von seinen Pfannkuchen, die er doch so gerne aß, leider keiner übrig sei.

Papa besah sich die Kleine und erklärte, man müsse die Polizei verständigen. Bestimmt sei sie ihren Eltern abhandengekommen, und die säßen nun zu Hause und machten sich Sorgen.

»Wenn es die Art von Eltern wären, die sich um ihre Kinder sorgen, hätten sie ja wohl besser auf sie aufgepasst«, erwiderte Mama. »Jetzt schläft sie erst einmal, zur Polizei können wir auch morgen noch gehen. Oder willst du, dass das arme Kind die Nacht womöglich auf der Wache verbringt? Und hast du gesehen, wie mager sie ist? Bestimmt bekommt sie zu Hause nicht genügend zu essen. Warum also hast du es so eilig, ihn loszuwerden, diesen kleinen, süßen Wurm? Manchmal glaub ich, du hast überhaupt kein Herz, Hans-Jürgen!«

Papa seufzte und streichelte statt einer Antwort die Katze, die Mama ein Jahr zuvor von einem Spaziergang mitgebracht hatte. Ihr Name war Maunz, wie das kleine Schild an ihrem Halsband verriet. Er stand direkt über der Adresse, bei der man sich melden sollte, falls man Maunz irgendwo fand.

Mama ging ins Kinderzimmer, um noch einmal nach der Kleinen, die sie Franziska getauft hatte, zu schauen. Unser Vater starrte mich und meinen kleinen Bruder an, ging, noch immer schweigend, in die Küche und scheuchte Rübe, den Labradorrüden, den unsere Mutter zwei Jahre zuvor auf einer Kirmes aufgelesen hatte, von seinem Lieblingsplätzchen vor dem Kühlschrank auf. Papa holte einen verdorrten Apfel heraus und biss mit sichtlichem Missmut hinein. Sein Abendbrot noch in der Hand, machte er sich daran, unsere Tanzmäuse zu versorgen, die uns eine ehemalige Nachbarin anlässlich ihres Auszugs vererbt hatte. Sie waren innerhalb von nur vier Wochen derartig zahlreich geworden, dass wir dazu übergegangen waren, sie nicht nur in Käfigen, sondern auch in Schuhkartons und großen Töpfen unterzubringen, die nun überall herumstanden: auf dem Boden, auf dem Kühlschrank, den Fensterbänken, auf dem Wohnzimmerschrank und dem Schwarz-Weiß-Fernseher, den wir damals noch hatten. Doch das eigentlich Anstrengende war nicht, die Mäuse zu versorgen, sondern sie vor Maunz zu beschützen, die übrigens auch Helmut, dem Wellensittich, immer wieder nachstellte, als kriege sie nicht genügend Futter von uns. Doch wenn irgendjemand bei uns hungerte, dann ganz allein unser Vater, für den zumeist nichts übrig blieb.

Als die Mäuse sich so sehr vermehrt hatten, dass wir bereits gezwungen waren, uns zu ihrer Unterbringung Schuhkartons nicht nur von den Nachbarn, sondern auch von Fremden zu besorgen, sah uns unser Vater eines Abends an und sagte: »Wirklich, Kinder, ich wünschte, eurer Mutter würde allmählich mal eine Boa Constrictor zukriechen! Futter für sie hätten wir jedenfalls genug.«

Mit diesen Worten schloss er die Wohnungstür hinter sich und zog los, um mit einigen Freunden und Onkel Catcher Karten zu spielen.

Obwohl unser Vater unsere Mutter meist gewähren ließ, erwies er sich im Falle von Franziska als unnachgiebig und bestand am anderen Morgen, als er zur Arbeit ging, darauf, Mama müsse mit der Kleinen auf die Wache. Also zog uns Mutter, nachdem er fort war, nacheinander an, fasste Franziska bei der Hand und brach mit uns auf. Unterwegs fiel ihr jedoch ein, dass man die Polizei ja gar nicht unbedingt mit der Sache behelligen musste. Vielleicht fanden sich die Eltern des Mädchens ja in unmittelbarer Nähe des Viertels, in dem wir es gefunden hatten, nahe der Ecke Schützen-/Erwinstraße. Na, denen würde sie schon ordentlich Bescheid stoßen. Die konnten sich auf was gefasst machen, wenn Mama sie traf.

Dann kam ihr jedoch in den Sinn, dass sie tags zuvor versprochen hatte, bei Omma Zarth an den Fenstern für Gardinen Maß zu nehmen, und da unsere Omma eine ausgesprochen gute Köchin war und Franziska in den Augen von Mama dringend zunehmen musste, erschien es nur logisch, den ursprünglichen Plan zu revidieren und zunächst Omma Zarth aufzusuchen. Ein Glücksfall, wie sich zeigte.

»Als hätte ich's gewusst!«, rief unsere Mutter, als Omma Zarth ihr die Schildkröte zeigte, die man bei ihr abgegeben hatte, weil auch viele Bekannte unserer Großmutter um das große Herz von Mama wussten.

Omma Zarth aber beugte sich zu Franziska hinunter und fragte: »Na, wer bist du denn? Hat man dich auch bei Margret abgegeben?«

»Ihre Eltern sind Rabeneltern! Die können sich übrigens auf was gefasst machen, die Kleine einfach unbeaufsichtigt durch die Straßen stromern zu lassen. Leute gibt's – da fällt einem schier nix mehr zu ein!«

Papa war nicht gerade entzückt, als er nach Hause kam und Franziska immer noch vorfand. Er hatte im *Nordlicht* beim Kartenspielen verloren, außerdem war er hungrig, ohne darauf hoffen zu können, dass man ihm etwas zu essen aufgespart hatte. Zu allem Ärger war er beim Hereinkommen auch noch über Hulda, die Schildkröte, gestolpert und mit viel Krach der Länge nach zu Boden gegangen, was Maunz in Panik versetzte. Fauchend war sie vom Sofa gesprungen und hatte mit ihrer hektischen Flucht den Jagdtrieb von Rübe geweckt, der sich sofort an die Verfolgung machte und dabei etliche Schuhkartons zum Umstürzen brachte. Helmut, der Wellensittich, der äußerst geräuschempfindlich war, erlitt einen Schock und fiel tot von der Stange.

»Gib doch acht, Hans-Jürgen!«, rief Mama und wies mich an, die Mäuse einzufangen.

Dortmunder Hafen

Franziska war drei Tage bei uns, als Papa entschied, die Sache selbst in die Hand zu nehmen. Er ließ sich von unserer tränenüberströmten Mutter das Mädchen übergeben und brach, mich und meinen Bruder im Schlepptau, zur Polizeiwache auf. Auf dem Weg dorthin begegnete ihm sein Bruder Catcher, der ziemlich guter Laune war, denn aufgrund seines Asthmas hatte ihn sein Hausarzt krankgeschrieben, und er brauchte nicht zur Schicht. Er schlug unserem Vater vor, den Vormittag nicht zu vergeuden, sondern ihm in die Gaststätte *Hafentor* zu folgen, wo Manna und Bomber, zwei Freunde unseres Onkels, ihn bereits erwarteten. Statt wie geplant zu dritt Skat könne man ebenso gut zu viert Schafskopf spielen. Onkel Catcher zündete sich eine Roth-Händle ohne Filter an und marschierte hustend voraus. Papa änderte die Richtung und gab Franziska, meinen Bruder und mich bei Omma Zarth ab, damit wir beaufsichtigt wären.

Omma Zarth wohnte zu dieser Zeit in einem Haus in der Speicherstraße in unmittelbarer Nähe des Dortmunder Hafens. Züge, die zwischen dem Hoesch-Eisenwerk und dem Hoesch-Stahlhandel hin und her fuhren, schleppten sich rasselnd an dem alten Haus vorbei und ließen Wände und Scheiben vibrieren. Das Fernsehbild begann jedes Mal zu flackern, und um sich zu verständigen, musste man schreien.

Als Papa uns ablieferte, spielte Omma Zarth mit einer Nachbarin und einer zweiten Frau namens Käthe Canasta und panierte gleichzeitig Koteletts, damit Bernhard und Heinzi, die noch immer bei ihr wohnten, ihr Essen kriegten, wenn sie von der Arbeit kämen.

»Nur für 'ne Stunde«, sagte Papa, aber es wurden neun Stunden daraus, und wir Kinder schliefen bereits in Onkel Bernhards Bett, als er kam, um uns abzuholen. Weil er uns nicht aufwecken wollte, setzte Papa sich zu Omma Zarth, Käthe, der Nachbarin sowie Bernhard und Heinzi an den Tisch, mischte die Karten und stieg ins laufende Spiel ein. Onkel Catcher war noch im *Hafentor* geblieben, um mit Manna eine Schlägerei auszutragen, die unserem Onkel eine Nacht in der Unfallklinik bescherte, wo man ihn ausnüchterte und seine Schädelplatzwunde vernähte.

Als wir ihn anderntags abholten, lag er in seiner Unterhose auf dem Krankenbett und steckte sich gerade hustend eine Roth- Händle ohne Filter in den Mund. Der Mitpatient protestierte kurz, in einem Krankenzimmer sei es verboten zu rauchen, aber niemand ging darauf ein. Stattdessen fragte Onkel Catcher, wer eigentlich die Kleine sei, sie wäre ihm schon gestern aufgefallen.

»Heißt Franziska. Hat Margret auf der Straße aufgelesen«, antwortete Papa.

»Ach, du armer, kleiner Wurm«, wandte sich Catcher an Franziska. »Hasse dich verlaufen, hä? Hasse Mama und Papa verloren?«

Der Mitpatient machte sich durch Husten vernehmbar, um gegen den Zigarettenqualm aufzubegehren, und Onkel Catcher fuhr ungeduldig herum: »Sag mal, was bissen du eigentlich für einen? Willße hier den Larry machen oder was? Hasse was an den Augen? Du siehs' doch, dass ich mit der Kleinen sprech.«

Onkel Catcher stand auf, um sich anzukleiden und seine Habseligkeiten zusammenzupacken. Als er fertig war, durften mein Bruder und ich die frische Narbe berühren. Der Mitpatient aber wandte sich an Papa, hob eine Zeitung in die Höhe und sagte: »Die Kleine da, die wird schon gesucht. Hab's in der Zeitung gelesen. Und ihr Name ist nicht Franziska, sondern Monika.«

»Hömma, was bissen du eigentlich für einen, hä? Willße meinem Bruder erklären, wie seine Kleine da heißt? Mach mal nicht den Larry hier, hörße? Sonst gibt's nämlich mal voll was auf die Zwölf«, warnte ihn Catcher.

Papa studierte die Suchmeldung und schien wenig begeistert. Auf dem Weg zum Auto sagte er, er sei nicht scharf darauf, wegen Kindesentführung ins Kittchen zu wandern.

Also fuhren wir vorerst nicht zur Wache, sondern zu Omma Zarth zurück, wo wir auf unsere Mutter trafen, die sich bereits Sorgen gemacht hatte und Franziska glücklich in die Arme schloss. Sie zeigte der Kleinen das Meerschwein, welches die Wirtin aus dem *Nordlicht* gerade abgegeben hatte, weil ihr Sohn Robert es nicht anständig pflegte.

»Sie heißt übrigens Monika«, erklärte unser Vater.

»So heißt vielleicht eine Schuhcreme, aber nicht mein kleines Goldstück hier!«, erwiderte Mama. Sie nahm das Mädchen in den Arm und sagte zärtlich: »Nee, mein Schatz, du heißt jetzt Franziska. Hier, das Meerschwein, das können wir meinetwegen Monika nennen, aber doch nicht so einen süßen, lieben Fratz wie dich.«

Während Omma Zarth Koteletts panierte, Bernhard an alle außer Mama Karten austeilte und mein Bruder Monika (das Meerschwein) wie ein Spielzeugauto über den Küchenboden schob, wobei er Fahrgeräusche imitierte, dachte man darüber nach, wie man Franziska ihren Eltern zurückgeben könne, ohne der Kindesunterschlagung beschuldigt zu werden. Es wurde eine hitzig geführte Debatte daraus, immer wieder durch Ermahnungen an meinen Bruder unterbrochen, er möge etwas achtsamer mit dem Meerschwein umgehen, wenn es so jämmerlich quieke, verstünde man sein eigenes Wort nicht mehr.

Schließlich wurde mein Bruder mit dem Tier in Onkel Catchers Zimmer geschickt und des Weiteren beschlossen, Franziska dort auszusetzen, wo Mama sie gefunden hatte. Man würde die Polizei informieren und von einer sicheren Stelle aus darüber wachen, dass die Polizisten die Kleine auch fänden.

Mama gab vor, mit meinem Bruder und seinem ramponierten Meerschwein zum Tierarzt zu müssen, und ohne sie finde die Übergabe auf keinen Fall statt. Papa konterte, sonntags wären die Tierarztpraxen geschlossen. Aber ehe das Streitgespräch richtig aufflammen konnte, trug Omma Zarth das Mittagessen auf, und es wurde gegessen.

Anschließend beschloss Mama, Franziska noch die Haare zu schneiden, die Kleine sähe ja fürchterlich aus. Während des Frisierens, als die Männer wieder Karten spielten, entschied sie überdies, dass Franziskas schwarzes Haar unvorteilhaft wirke, und färbte es kurzerhand blond. Franziska war nicht wiederzuerkennen und Papa besorgt.

Er verfrachtete uns alle ins Auto und startete mit finsterer Miene den Motor. Seine Laune war ohnehin schlecht, denn er hatte beim Kartenspielen verloren. Als auch noch mein Bruder das Meerschwein fallen ließ, das zunächst unter den Fahrersitz floh und von dort unter die Pedale, sodass Papa, um das Meerschwein nicht mit seinen Füßen zu zerquetschen, die Handbremse ziehen musste, als wir uns der roten Ampel näherten, lagen seine Nerven blank.

Das nachfolgende Fahrzeug, ein froschgrüner Ford Taunus, knallte hinten rein, und Papa warf Mama böse Blicke zu. Die Argumentation des Fahrers, der uns hinten draufgefahren war, erschöpfte sich im Wesentlichen darin, er habe keine Bremslichter aufleuchten sehen. Als der Streifenwagen eintraf, zeigte Papa den Beamten Franziska und erklärte, um das Mädchen könnten sie sich auch gleich kümmern. Es sei die kleine Monika, die seit Tagen vermisst werde, man sei gerade auf dem Weg zur Wache gewesen.

»Stimmt ja gar nicht!«, rief Mama dazwischen, die Lügen nicht ertragen konnte. »Du hast sie einfach aussetzen wollen.«

»Hab ich nicht!«, schrie Papa sie an.

Während beide stritten und der Fahrer des anderen Wagens gegenüber dem Beamten seine Aussage machte, war Monika (das Meerschwein) aus dem Auto gekrochen und dem zweiten Polizisten plötzlich vor die Beine geraten, der vor Schreck das Gleichgewicht verlor und sich verblüfft sowie mit aufgeschürften Knien vom Boden aufrappeln musste. Dann fiel sein Blick auf die merkwürdigen Füße des Tieres, die natürlich keine Füße mehr waren, sondern lediglich Stummel, auf denen es sich eher mühsam fortbewegte. Mein Bruder hatte ganze Arbeit geleistet, und der Polizist war weitblickend genug, ihm das Meerschwein sofort abzunehmen. Auf der Wache heulte Martin immer noch über seinen Verlust.

Nach etwa einer Stunde, in der unsere Eltern eindringlich über die Kleine befragt worden waren, betrat ein Vorgesetzter den Raum und wollte wissen: »So, wo ist denn diese Monika nun?«

»Mit Polizeiwachtmeister Krüger bei einem befreundeten Tierarzt, wegen der Füße«, erteilte Polizeiwachtmeister Ruballa ihm Auskunft. »Und das hier ist die Kleine. Sie heißt Franziska«, fügte er hinzu und wies zu dem Mädchen hinüber.

»Hä? Wieso Franziska?«, fragte der Vorgesetzte. »Wird auch eine Franziska vermisst?«

»Siehst du«, wandte sich Mama an unseren Vater, »sie haben Franziska noch nicht mal vermisst! Na, die Eltern sollen mich kennenlernen! Die kriegen was zu hören von mir!«

Alles klärte sich zu guter Letzt auf, Monikas Eltern wurden verständigt. Während man auf ihr Eintreffen wartete, saß Vater zum Missfallen unserer Mutter mit Polizeiwachtmeister Ruballa und dessen Vorgesetzten an einem Schreibtisch und spielte Karten mit ihnen. Mama war in Tränen aufgelöst und drückte Monika, die sie beharrlich weiterhin Franziska nannte, fest an ihre Brust.

Ich studierte unterdessen die Verbrecherkarteien und brach jedes Mal in Jubel aus, wenn ich einen Bekannten unserer Onkel darin abgebildet sah, als schließlich die Tür geöffnet wurde und Monikas Eltern, Herr und Frau Gablonski, erschienen. Mama blickte beide wild und hasserfüllt an.

Der Vorgesetzte erhob sich, lächelte und sagte: »So, da haben wir sie, Ihre kleine Ausreißerin.«

Aber Frau Gablonski machte große Augen, starrte auf das Kind und erklärte: »Was soll das? Das da ist nicht Monika! Monika hat viel längere Haare. Außerdem ist sie nicht blond!«

Fast hätte ich an diesem Tag ein Schwesterchen bekommen.

1970

SONST WIRD MAN NÄMLICH TRÄGE

Papa sagte mir, dass wir bald umziehen würden. Die alte Wohnung in der Elisabethstraße war inzwischen zu klein für uns vier. Aber ich wollte nicht umziehen, höchstens wenn Ullis Eltern mit Ulli auch umziehen würden.

Die neue Wohnung lag nicht wie die alte in der Innenstadt, sondern weit draußen, in einem Vorort namens Brechten an der Evinger Straße. Es gab keine S-Bahn-Gleise, auf die man Münzen legen konnte, um sie von Zügen plattfahren zu lassen, und es gab auch kein Karstadt, wo ich mit Ulli oft hingegangen war, um in der Herrenabteilung Verstecken zu spielen. So ein Betrug!

Um das neue Haus herum waren Felder, und hinter den Feldern kam Wald. Der Weg bis zum Scharfen Eck, wo sich meine neue Schule befand, war mindestens hundert Kilometer lang, und auch die Wohnung war doof. Um vom Wohnzimmer und der Küche in die zwei anderen Zimmer zu gelangen, musste man durch den Hausflur. Dazwischen lag die Wohnung von Frau Gierse.

Über uns wohnte die Besitzerin des Hauses, Frau Stranghöhner, die mir alles verbot: auf der Teppichstange rumzuklettern, über den Rasen zu laufen, Krach zu machen im Hof, mit ihrem Mann Bauernskat zu spielen, mit der Erbsenpistole auf sie zu schießen. Auch Haustiere erlaubte sie nicht. Wir hatten alle bei Freunden unterbringen müssen. Nur Klausi, unseren neuen Wellensittich, duldete sie.

Mein neuer Klassenlehrer in der Brechtener Grundschule hieß Herr Grepel, mein neuer Banknachbar Michael Happich. Außerdem gab es ein Mädchen namens Barbara Miek, das war noch schöner als meine Cousine Sabine. War es eigentlich erlaubt, zwei Frauen zu haben? Oder drei? Denn Sabine Schröder gefiel mir fast so gut wie Barbara Miek. Außerdem war sie beim Fangenspielen in der Pause immer die Schnellste. Man kriegte sie nie.

Auch Onkel Catcher zog in eine andere Wohnung.

»Man muss immer in Bewegung bleiben, sonst wird man nämlich träge«, erklärte er und drückte mir ein Knäuel zerknautschter Plastikeinkaufstüten in die Hand. »Pack einfach rein, was reingeht, und dann ab damit zur neuen Hütte, klar?«

Papa sagte, in Wirklichkeit habe sich Onkel Catcher mit seinem Vermieter wegen der vielen Katzen verkracht. Onkel Catcher brachte sie vom Hoesch-Gelände mit. Zweiundzwanzig hatte er schon.

In der Küche packte ich schmutziges Geschirr in eine Tüte. Damit es nicht kaputtging, stopfte ich außerdem ein paar von Onkel Catchers Hemden hinein. Dann lief ich durch das Treppenhaus auf die Straße hinunter. Der Weg zu Onkel Catchers neuer Wohnung war ganz kurz, nur über die Kreuzung Mallinckrodt-, Ecke Schützenstraße und die nächste Straße rechts, deshalb musste Onkel Catcher auch keinen Möbelwagen mieten. Trotz der Hemden klapperte das Geschirr in den Tüten.

Auf der anderen Seite der Kreuzung befand sich ein Büdchen. Dort waren Papa, Onkel Manni und Onkel Bernhard und spielten mit dem Mann vom Büdchen Karten. Neben ihnen auf dem Bürgersteig stand ein Element von Onkel Catchers Wohnzimmerschrank, das sie in die neue Wohnung tragen sollten. Manchmal blieben Leute stehen und fragten, was der Schrank denn kosten soll.

Während Onkel Catcher auszog, zog gleichzeitig einer seiner

Arbeitskollegen in die alte Wohnung ein. Auch der Arbeitskollege hatte alles, was er besaß, in Plastiktüten gepackt. Manchmal trug jemand die Tüten, die der Kollege gerade heraufgeschleppt hatte, wieder runter auf die Straße und zu Onkel Catchers neuer Wohnung hinüber. Schwierig war es auch mit den Katzen, die sich beharrlich weigerten, in Tüten transportiert zu werden.

Auf meiner dritten Tour zur neuen Wohnung hatten es sich Onkel Manni, Papa, Onkel Bernhard und der Büdchenbesitzer bereits an Onkel Catchers Wohnzimmertisch bequem gemacht, den sie vor dem Büdchen aufgestellt hatten.

»Junge«, sagte der Besitzer zu mir, »hüpf mal schnell rein und hol uns mal drei Pullen Bier ausm Kühlschrank!«

Ich setzte meine Plastiktüten ab und lief in das Büdchen. Ein Kunde kam und wollte eine Schachtel HB und die *Neue Revue*, eine Zeitschrift, in der sich Bilder nackter Frauen und viele Witzeseiten befanden. Der Büdchenmann blickte kurz von seinen Karten auf und sagte: »Junge, bedienst du mal eben?«

Als Onkel Catcher und Gallow mit einem Kühlschrank im Gepäck am Büdchen vorbeikamen, entschieden sie, ebenfalls eine Pause zu machen, und setzten sich dazu. Anwohner hatten Stühle rausgetragen und rings um den Wohnzimmertisch von Onkel Catcher aufgestellt. Einige schauten den Kartenspielern zu, andere hatten ebenfalls Karten und einen Tisch mitgebracht. Ich lief herum und verkaufte Bier an die Leute.

»Micky«, rief Onkel Manni mir zu, »lauf mal eben zu Omma Zarth und sag, sie soll uns ein paar Koteletts braten. Und kumma, da vorn hat sich eine von Catchers Katzen befreit. Pass auf, dass das Vieh nicht auf die Straße gerät.«

Als es dunkel wurde, legten einige Anwohner Verlängerungskabel von ihren Wohnungen zu dem Platz vor dem Büdchen und trugen Stehlampen raus. Der Arbeitskollege und seine Helfer hatten inzwischen die Sachen von Onkel Catcher in dessen neue Wohnung getragen und übergaben ihm die Schlüssel.

Gallow, Heinzi und Catcher

Das Scharfe Eck in Dortmund-Brechten

Gegen Mitternacht erschienen Polizisten. Eine Freundin meiner Onkel hatte auf einem Tisch begonnen, tanzend ihre Kleider auszuziehen, und einen Auffahrunfall ausgelöst. Die Beamten protokollierten den Vorfall, dann setzten sie sich auf ein Viertelstündchen dazu. Onkel Catcher teilte Karten an sie aus.

Wie die Schlägerei entstanden war, war später nicht mehr zu ermitteln. Auch die Polizisten waren darin verstrickt. Einer wurde zusammen mit Onkel Catcher in die Unfallklinik an der Immermannstraße gebracht, wo man beide ausnüchterte und ihre Schädelplatzwunden nähte. Der Platz vor dem Büdchen wurde geräumt, und ein weiterer Polizist teilte einer Anwohnerin vorübergehend einen Zweijährigen zu. Augenscheinlich hatten ihn seine Eltern in der Hektik des Aufbruchs vergessen. Die Lkw-Fahrer, die vor einigen Stunden ihre Zugmaschinen am Straßenrand geparkt hatten, um ebenfalls Karten zu spielen, reckten sich, stiegen in ihre Laster und fuhren davon.

Wir brachten die letzten Plastiktüten in die neue Wohnung und machten uns zu Fuß auf den Weg zur Unfallklinik, um nach Onkel Catcher zu sehen. Eine Roth-Händle ohne Filter im Mund, stand er am Bett und würgte gerade einen Mitpatienten, der Nichtraucher war und gegen den Qualm aufbegehrt hatte.

»Hömma«, sagte Onkel Manni zu ihm, »das ist ja voll die kleine Hütte, die du jetzt hast.«

»Is' ja auch nur übergangsweise«, sagte Onkel Catcher. »Der Olle vom Büdchen hat mir erzählt, demnächst wird in der Lützowstraße was frei. Hab ich schon alles geregelt. Am nächsten Ersten zieh ich da ein!«

»Ehrlich, Catcher, du hast den Arsch auf!«, sagte Onkel Manni, aber Onkel Catcher blies den Rauch aus und erklärte: »Tja, wat willße machen? Man muss immer in Bewegung bleiben, sonst wird man nämlich träge, woll?«

Onkel Catcher packte seine Sachen zusammen. Als er seine Zigaretten in die Jackentasche steckte, schreckte er zusammen.

»Scheiße!«

»Was'n los?«, wollte Papa wissen.

Onkel Catcher zog die Hand aus der Tasche und öffnete sie. Auf seiner Handfläche lag Fipsi, sein blauer Wellensittich, und schlief.

»Ich hab'n doch nur mal ganz kurz in die Tasche gesteckt, um beim Fernsehertragen die Hände frei zu haben«, rief Onkel Catcher unter Tränen. Wenn Kindern oder Tieren ein Leid zugefügt wurde – so was machte ihn fertig.

»Fipsi, mein Junge, das hab ich nicht gewollt – ehrlich!«, schluchzte er. »Hömma, ich wollt' dich doch nur ganz kurz aussem Weg ham, um beim Fernsehertragen zu helfen! Ich wollt' dich nich' da drin vergessen, glaubße mir das?«

Er war so erschüttert, dass er sogar die Frage überhörte, ob ich die frische Narbe auf seinem Kopf anfassen dürfte.

»Na, komm, wird schon wieder!«, versuchte ihn Onkel Manni zu trösten. »War schließlich nur'n Vogel.«

»Nur'n Vogel? War nur'n Vogel?«, brauste Onkel Catcher auf, und Papa hatte Mühe, die beiden zu trennen. Der Mitpatient klingelte eilig nach der Schwester. Als sie reinkam, war der Kampf bereits in vollem Gange.

Ich durfte nicht dabei sein, als man Onkel Mannis Schädelplatzwunde vernähte, aber in der Notaufnahme zeigte mir Papa einen Mann, der war mit seinen Beinen unter einen Laster geraten.

1971

STRASSBURG LAG IM SONNENSCHEIN

Meine neuen Freunde in Brechten waren Michael Happich und Peter Hartung. Peter wohnte im Schiffhorst in der Bunkensiedlung.

Es war gefährlich, ihn zu besuchen. Manchmal wurde man von den Bunken grundlos verkloppt oder mit Steinen beworfen. Der Schlimmste von ihnen hieß Totto und war gerade mal zehn. Meist lungerte er an der Straßenbahnhaltestelle Scharfes Eck herum, rauchte Zigaretten und knöpfte anderen Kindern das Taschengeld ab. Der zweitschlimmste der Bunken hieß Affe und war Tottos älterer Bruder.

Peter Hartung hatte ein Kinderzimmer ganz für sich allein und jede Menge Quartetts: Autos, Rennwagen, Schiffe, Panzer, Oldtimer, Spaßautos und sogar ein Raketenquartett. Er brachte mir bei, dass Quartettkarten mit der dänischen, schwedischen oder finnischen Flagge darauf Fahnentrumpf hießen. Da brauchte man nicht die PS-Zahl oder die Höchstgeschwindigkeit sagen, sondern musste nur »Fahnentrumpf!« rufen, um die Spielkarte des anderen zu kriegen.

Peter zeigte mir auch eine Zeitschrift namens *Bravo* und schenkte mir zwei Poster daraus: das eine mit Rex Gildo drauf, das andere mit vier Musikern, die sich die Beatles nannten, aber die kannte ich nicht, was aber nicht schlimm war, weil sich ihre Gruppe aufgelöst hatte, wie mir Mama erklärte.

Peter besaß auch einen Kassettenrekorder und eine Kassette

mit dem Lied »Popcorn« darauf. Das wurde von einem Computer gespielt.

Einmal, als Peter bei uns zu Hause war, stellte uns Mama eine Flasche Aquella-Sprudel hin. Peter trank sie ganz aus, und Mama sagte, er trinke nur zum Spaß und nicht, weil er Durst habe, und konnte Peter nicht leiden.

Im Straßengraben fanden wir ein Heft, in dem waren lauter nackte Frauen abgebildet. Die sahen aber alle eklig aus. Von zu Hause hatte ich eine Schachtel Streichhölzer aus der Küchenschublade gestohlen, und wir verbrannten das Heft. Auch Erwachsene waren eklig, wenn sie so etwas kauften, soviel stand fest.

Peter sagte, er hätte seine Mutter schon einmal nackig gesehen, als er ins Schlafzimmer kam, und er hätte ganz schnell die Augen geschlossen, aber zu spät. Ich hatte meine Eltern noch nie nackig gesehen, nur einmal Papas Penis, als ich in der Badewanne saß und er ganz dringend pinkeln musste. Papa hatte Haare um den Penis herum.

Peter und ich stellten uns unsere Lehrer nackt vor.

»Herr Amberger!«, sagte ich, und Peter schrie: »Iiiieh!«

»Frau Trennwand!«, sagte Peter, und wir beide hielten uns vor Lachen den Bauch. Frau Trennwand sah schon angezogen ziemlich komisch aus.

Die Eltern von Michael Happich waren reich. Sie besaßen sogar einen Farbfernseher in Kugelform, der auf einer Fußsäule stand. Michaels Vater gehörte in Lünen eine kleine Werkzeugfabrik, und er fuhr einen großen, ganz neuen Mercedes. Im Wintergarten hatte Michael ein zweites Kinderzimmer. Dort stand ein riesiger Tisch, auf dem eine ganze Stadt aus Lego aufgebaut war, mit Straßen, Hochhäusern und Autos. Noch nie hatte ich eine solche Menge Legosteine gesehen. Unglaublich, dass sie alle Michael alleine gehörten. Er hatte auch ganz viele Steine, die ich zu Hause nicht besaß, sogar extra Steine für Dächer, die auf der einen Seite eine Schräge hatten. Bevor ich ging, steckte ich mir einige heimlich in die Hosentasche.

Michael besaß auch einen Plattenspieler und viele komische Schallplatten von seinem älteren Bruder. Von den Interpreten und Gruppen hatte ich noch nie was gehört: Ulrich Roski, Insterburg & Co., Schobert & Black, Ash Ra Tempel und ein Cowboy namens Johnny Cash.

Cash – das heiße Bargeld, sagte Michael, was ich nicht glauben wollte. Wer würde denn schon Johnny Bargeld heißen?

Zu Hause hatten wir auch Platten, aber die waren von Peter Alexander, Vicki Leandros und von Mireille Mathieu. »Straßburg lag im Sonnenschein, und ich war mit dir allein – Martin!«

***

Mein Bruder Martin hatte einen riesigen Kopf und lief ständig nur in Strumpfhosen rum, auch wenn er raus zum Spielen ging. Oder hatte Lederhosen an. Lederhosen waren das Letzte, da war ich mir mit Michael Happich und Peter Hartung einig.

Michael trug auch im Sommer lange Hosen, meistens aus Cord. Mir wäre das zu warm gewesen.

Wenn Papa tanken gewesen war, brachte er mir Bilder von Oldtimer-Autos mit, die man nach dem Tanken gratis bekam. Ich hängte sie im Kinderzimmer auf. Unser nächster Wellensittich hieß wieder Helmut. Papa sagte, wenn wir weiter so viele Wellensittiche verschleißen würden, sei es künftig einfacher, die Viecher einfach durchzunummerieren, anstatt ihnen Namen zu geben, bei uns lohne das eh nicht.

***

Am Scharfen Eck, auf der Brambauer Straße, wo der Coop-Laden war, wurde gebaut. Und vor dem Schreibwarenladen von Rabenschlags stand neuerdings ein Filmautomat. Wenn man fünfzig Pfennig in den Münzschlitz warf, konnte man durch eine kleine Öffnung, an die man seine Augen halten musste, Trickfilme von Bugs Bunny, Schweinchen Dick oder Tweety und Sylvester sehen.

Neben Rabenschlag war ein Radiogeschäft. Dort hing eine Plattenhülle im Fenster, von einer Band, die The Who hieß. Peter Hartung und ich fanden, dass das ein ziemlich bescheuerter Bandname war. Da wusste man ja gar nicht, wer die eigentlich waren. Wenn wir mal eine Band gründen würden, dann hieße die auf jeden Fall anders: Echt-Knorke-Band zum Beispiel, damit die Käufer gleich wüssten, sie hielten keinen Mist in der Hand.

***

»Scheiße! Wir haben Manni vergessen!«, sagte Onkel Catcher, als er die Karten zusammenschob. »Der läuft doch bestimmt schon Amok in seinem Loch.«

Es wurde bereits dunkel, und die Kellnerin war gekommen, um zu kassieren. Wir standen auf und liefen los, um nach Onkel Manfred zu schauen. Begonnen aber hatte dieser Sonntag wie andere Sonntage auch:

Oft traf Papa sich am Sonntagmorgen zum Kartenspielen mit seinen Brüdern im *Nordlicht*. Manchmal nahm er mich mit. Bei schönem Wetter entschlossen sich Papa und seine Brüder häufig, in den nahe gelegenen Fredenbaumpark zu gehen. Dort mieteten sie Ruderboote oder spielten Minigolf. Das Rudern auf dem kleinen künstlichen See war immer sehr lustig und laut. Es wurde um die Wette gerudert, oder man griff die anderen Boote an. Die Leute in den fremden Booten schimpften dann immer, wenn sie von uns nassgespritzt wurden. Einmal, als Papa aus dem Boot ans Ufer springen wollte, driftete es überraschend zurück, und Papa hing mit seinem Körper knapp über dem Wasser, die Hände am Ufer, die Füße noch im Boot. Onkel Manfred trat näher und Papa aus Spaß auf die Hand.

Dafür hatte sich Papa an diesem Sonntag gerächt. Fast eine Woche lang hatte es fast nur geregnet. Als wir auf dem Weg zur Minigolfbahn an einem ausgeschachteten, ziemlich tiefen Loch vorüberkamen, sagte Papa zu Onkel Manfred: »'n Heiermann, wenn du's schaffst, auf den Kanaldeckel zu springen!«

Mitten im Loch stand eine Säule aus Beton, die oben von einem Kanaldeckel abgeschlossen wurde. Bis zum Rand, wo wir standen, waren es gut und gerne drei Meter.

Onkel Manfred nahm Anlauf, sprang und landete schwankend auf der Säule. Anerkennend schnippte ihm Papa das Fünf-Mark-Stück zu. Onkel Manfred in seinem hellblauen, neuen Anzug fing es auf.

»Und jetzt spring wieder zurück«, sagte Papa, und Onkel Manfred ging ein Licht auf. Drei Meter trennten ihn vom Rand, nur dass er diesmal keinen Anlauf nehmen konnte. Er zögerte, und Papa, Onkel Catcher und Onkel Heinzi rissen dumme Sprüche.

Dann sprang Onkel Manfred und landete unten auf dem Grund des Lochs, wobei er bis zu den Knien im aufgeweichten Boden versank. Er fluchte und hatte dicke, geschwollene Adern auf der Stirn. Ohne Hilfe kam er nicht mehr heraus.

Als wir vom Minigolfspielen zurückkamen, fluchte und schimpfte Onkel Manfred noch immer dort unten. Etliche Spaziergänger hatten sich rund um das Loch versammelt und schauten zu, wie Onkel Manfred immer tiefer einsank.

Ein Mann schlug vor, man sollte die Feuerwehr holen. Aber er war kaum zu hören, so laut schrie und fluchte Onkel Manfred in seinem Loch. Das würde er Papa niemals verzeihen, und Papa könnte ihn mal kreuzweise. Er sagte auch noch Schlimmeres.

»Ist ja gut, ist ja gut«, sagte Papa. »Wir gehen rüber in die *Schmiedingslust* und rufen die Feuerwehr an.«

Draußen vor dem Ausflugslokal *Zur Schmiedingslust* waren Tische aufgestellt. Wir setzten uns, und Papa fragte die Bedienung, ob er mal das Telefon benutzen dürfte. Dummerweise war es kaputt. Während Onkel Heinzi Karten austeilte und die Kellnerin die bestellten Getränke zu uns brachte, überlegte man, ob man Onkel Manfred mit Hilfe eines Bretts heraufholen könnte. Aber woher ein Brett nehmen? Und dann legte Onkel Catcher einen Royal Flush auf den Tisch, und Onkel Manfred war plötzlich vergessen.

Bis die Bedienung kam und sagte, das Lokal werde jetzt geschlossen, ob sie abkassieren dürfe.

Die Schaulustigen waren nach Hause gegangen, und es war auch kein Schimpfen und Fluchen mehr zu hören. Unten auf dem Boden des Lochs steckte Onkel Manfred bis zur Hüfte im Lehm und reagierte nicht mehr auf die Witze seiner Brüder. Papa ging zu seinem Auto und kehrte kurz darauf mit einem Abschleppseil zurück. Es wurde hinuntergelassen, und Onkel Manfred zog sich hinauf. Als er oben war, fehlten seine Schuhe. Die hatte der aufgeweichte Boden verschluckt. Schweigend und lehmbeschmiert ging er voraus. Erst als die anderen gar nicht mehr aufhörten mit ihren Kommentaren und Witzen, wurde er wütend.

Zu Hause bekam Papa von Mama eine Standpauke gehalten. Wieder mal hatte sie völlig umsonst mit dem Essen auf ihn gewartet. Dass Papa ein blaues Auge hatte, interessierte sie nicht.

»Jeden Sonntag dasselbe mit dir! Wirst du eigentlich nie erwachsen, Hans-Jürgen?«

1972

DAS SIND ALLES ARME SCHWEINE!

In der Schule erklärte Herr Grepel, was eine Umgehungsstraße ist. Aber ich konnte nicht richtig zuhören, denn ich musste ganz dringend. Gerne hätte ich aufgezeigt und gefragt, ob ich zur Toilette kann, doch vor mir waren bereits Ingo Boskowiak, Beatrice Artmann, Gaby Denker und Frank Seifert zur Toilette gewesen, und als Anke Marquardt ebenfalls fragte, ob sie mal rausdürfe, hatte Herr Grepel geschimpft und gesagt, sie wäre jetzt aber die Letzte. Ob wir denn Kleinkinder seien? Um auf die Toilette zu gehen, seien ja wohl die Pausen da. Dann machte er mit der Umgehungsstraße weiter.

Ich presste die Beine zusammen und sah auf die Uhr, die über der Tür an der Wand hing. Bis zur Pause waren es noch fünfzehn Minuten!

Frank Sudermann, der schräg hinter mir saß, meldete sich und sagte: »Der Michael pinkelt in die Hose!«

Alle schauten mich an, ich wurde rot. Das Pipi lief meine nackten Beine hinunter, und es hörte nicht auf. Auch nicht, als Herr Grepel schon neben mir stand. Unter meinem Platz bildete sich eine große, gelbe Pfütze. Die Hochzeit mit Barbara Miek konnte ich damit vergessen. Wer heiratete schon einen Jungen, der in die Hose machte? Am liebsten wäre ich ohnmächtig geworden wie die Frauen in den Fernsehfilmen, aber es klappte nicht. Ich war immer noch wach. Wie aus weiter Ferne hörte ich Herrn Grepel sagen: »Aber warum hast du denn nichts gesagt? Ich hätte dich doch gehen lassen, wenn es so dringend gewesen ist.«

Er hatte gut reden. Vorhin hatte er noch gesagt, Anke Marquardt sei die Letzte gewesen.

Endlich hörte es auf. Herr Grepel brachte mich zum Hausmeister und fragte Herrn Rettig, ob er mir eine Unterhose leihen könne, mir sei ein Malheur passiert.

Herr Rettig, der sehr dick war und immer nur schimpfte, wenn wir auf dem Pausenhof spielten, starrte mich an. Dann blickte er an meinen Beinen und auf meine Füße hinunter.

»So ein großer Bengel und macht noch in die Hose«, brummte er.

Er verschwand in seiner Hausmeisterwohnung und kehrte mit einer riesigen, weißen Männerunterhose zurück. Herr Grepel führte mich zur Lehrertoilette und sagte, ich solle sie anziehen.

Auf der Lehrertoilette zog ich meine nassen Hosen aus. Aber wohin mit der tropfenden Unterhose in meiner Hand? Ich stopfte sie ins Klo und zog die Spülung, aber das machte alles nur schlimmer, weil nun das Klo überlief. Die eklige Hausmeisterunterhose, die ich nicht anziehen wollte, warf ich auf den Boden. Ich zog meine nasse kurze Hose an. Um nichts in der Welt wollte ich in die Klasse zurück. Ich wollte überhaupt nie wieder zur Schule. Stattdessen würde ich weglaufen und Krokodiljäger werden. Dann fiel mir ein, dass ich dazu eigentlich auch keine Lust hatte. Heulend lief ich nach Hause. Meine Sandalen machten beim Laufen ein quartschendes Geräusch.

Als Mama mich fragte, warum ich geweint hätte, beichtete ich. Mama war wütend auf Herrn Grepel, weil er mich nicht sofort nach Hause geschickt hatte. Sie fuhr mit dem Fahrrad zur Schule und holte meinen Tornister.

Wenn ich nach der Schule nicht zu Michael Happich oder Peter Hartung ging, lief ich in den Wald. Direkt am Eingang gab es einen knorke Kletterbaum. Wenn man oben war, durfte man auf keinen Fall hinunterfallen, weil unten der Stacheldrahtzaun einer angrenzenden Kuhweide verlief. Dann wäre man schwerverletzt. Oder tot.

Im Wald gab es auch einen Bach, den man an vielen Stellen aufstauen konnte. Einmal im Winter, als ich mit meinem Bruder Martin im Wald war, fiel er der Länge nach hinein. Als wir abends nach Hause kamen, schimpfte Mama mit mir, weil Martins Kniebundlederhose und auch seine restlichen Anziehsachen ganz steifgefroren waren.

Und es gab einen verlassenen Bunker, in dessen Eingang es nach Pipi roch. Es hieß, viele Kinder seien in diesem Bunker schon für immer verschwunden. Man hatte nie wieder von ihnen gehört.

***

Wenn man in der Wohnung von Onkel Manfred und Tante Christa aus dem Kinderzimmerfenster schaute, konnten mein drei Jahre jüngerer Cousin Andreas und ich im Hinterhof des Nachbarhauses manchmal Ausländerkinder spielen sehen. Mama hatte mir erzählt, das wären alles arme Schweine. Nicht mal richtiges Spielzeug hätten sie. Ich erklärte Andreas, dass das ungerecht wäre.

Wir öffneten das Fenster und warfen etwas von Andreas' Spielzeug rüber in den Hof: Matchbox-Autos, eine Big-Jim-Puppe, seinen neuen Fußball. Die armen Ausländerkinder freuten sich. Also machten wir weiter. Andreas' Legokiste war so schwer, dass wir sie zu zweit zum Fenster tragen mussten. Aber wir holten nicht genug Schwung, und die Kiste landete vor der Mauer zum Hof mit den Kindern. Ich wollte noch mehr hinüberwerfen, aber Andreas jammerte, er wolle seinen Fußball zurück. Heulend lief er zu seinem Vater.

Als Onkel Manfred erfuhr, was wir getan hatten, fragte er, ob wir nicht mehr alle Datteln an der Palme hätten. Am nächsten Tag kam Papa bei uns zu Hause in das Kinderzimmer, schimpfte mit mir und sagte, dass ich Andreas nun von meinem Spielzeug abgeben müsse. So ein Betrug!

***

Manchmal ging Papa sonntags mit uns allen spazieren. Erst hinüber zum Wald, dann quer hindurch, bis man auf die Oetringhauser Straße gelangte, drüber hinweg und zum Büdchen. Meistens spendierte uns Papa ein Eis. Das höchste der Gefühle war, wenn er uns ein Nogger erlaubte.

Auf dem Rückweg von Omma Zarth schaute Papa mit Martin und mir noch kurz bei Onkel Manfred vorbei. Dort hatten es sich Onkel Manfred, Manna und Onkel Catcher schon am Küchentisch bequem gemacht, um Karten zu spielen. Das Küchenfenster stand offen und trug laue Sommerluft und Autoabgase von der Schützenstraße herein. Tante Christa improvisierte einen kleinen Imbiss für die Männer.

Zwei Stunden später hatte Manna so viel Geld verloren, dass er seine goldene Armbanduhr einsetzen musste. Papa aber sagte, die tauge nicht viel, und Manna wurde wütend. Trotzig zog er die Uhr vom Handgelenk und pochte darauf, sie wäre mindestens dreihundert wert. Außerdem sei sie stoß- und wasserfest.

Papa drehte und prüfte die Uhr, hielt sie ans Ohr und warf sie zwecks eines Tests zum Fenster hinaus. Die Uhr fiel auf den Bürgersteig, wo sie in zwei Dutzend Teile zersprang.

»Ehrlich, Manna, da hat dir jemand Mist angedreht«, erklärte Papa. »Mehr als zwanzig ist die nicht wert.«

Manna hechtete über den Küchentisch, um mit Papa über den genauen Wert der Uhr zu streiten, als beide plötzlich aus dem Fenster sahen. Schräg gegenüber in der Bülowstraße brannte ein Dachstuhl. Wie es aussah, brannte genau das Haus, in dem Omma Zarth gewohnt hatte, ehe sie in Richtung Hafen in die Speicherstraße umgezogen war. Man entschied, den Kampf zu unterbrechen.

Vor dem Haus in der Bülowstraße hatte sich bereits eine größere Menschenmenge eingefunden. Papa eilte ins Haus, um die Bewohner zu warnen. Er klingelte bei den Wallerts an, den einstigen Nachbarn. Frau Wallert öffnete und bat Papa auf eine Tasse Kaffee herein. Im Hintergrund sah er Herrn Wallert mit zweien seiner Söhne Karten spielen, und Herr Wallert forderte Papa zum Mitspielen auf.

»Eigentlich bin ich ja wegen was ganz anderem gekommen«, sagte Papa, »aber schön, auf fünf Minuten kommt es nicht an.«

Draußen vor dem Haus wurde man unruhig. Wieso kam Papa nicht zurück? War irgendetwas Schlimmes passiert? Onkel Catcher wurde losgeschickt, um nach dem Rechten zu sehen.

Frau Wallert öffnete, und man stellte einen weiteren Stuhl für Onkel Catcher bereit. Kurz darauf traf auch Onkel Manfred bei Familie Wallert ein. Alle husteten bereits wegen des Qualms in der Luft, aber man schrieb es den vielen Zigaretten zu, weil alle unaufhörlich rauchten. Herr Wallert stand auf, um bei Frau Sendert aus dem zweiten Stock einen Stuhl auszuleihen, damit Onkel Manfred nicht im Stehen spielen musste.

Draußen auf der Straße stellte jemand die Frage, ob eigentlich schon die Feuerwehr verständigt worden sei. Eine gute Frage. Manna lief zur Telefonzelle, die sich an der Ecke Schützenstraße/Erwinstraße befand.

Auf seinem Weg hinauf zu der alten Frau Sendert bemerkte Herr Wallert den eigentümlichen Geruch in der Luft. Als er sich umsah, entdeckte er Flammen, die vom Dachstuhl aus bereits das obere Treppenhaus erfassten. Er alarmierte Frau Sendert, die grad damit beschäftigt war, ihren kleinen, grünen Wellensittich wiederzubeleben, der allerdings kurz darauf seiner Rauchvergiftung erlag. Zwar hatte sie den Rauch bemerkt, ihn aber für die üblichen Industrieabgase über Dortmund gehalten. Sie hatte geglaubt, der Wind stehe wieder mal schlecht.

Herr Wallert wollte soeben in seine eigene Wohnung zurück, als Feuerwehrleute in das Treppenhaus stürmten, um alle Hausbewohner zu evakuieren. Papa wehrte sich heftig. Er hatte gerade das Blatt seines Lebens in die Hände bekommen und wollte nicht einsehen, warum die Partie nur aufgrund der Löscharbeiten abgebrochen werden sollte.

»Machen Sie ruhig weiter«, erklärte er den Feuerwehrleuten, »wir kommen gleich nach.«

Später hielt ihm der Feuerwehrmann, der von Papa ein blaues Auge verpasst bekommen hatte, zugute, er habe womöglich unter Schock gestanden. Was durchaus möglich gewesen ist. Als nämlich Herr Wallert erfuhr, dass Papa sich bei ihm zum Kartenspielen an den Tisch gesetzt hatte, obwohl er wusste, dass das Haus in Flammen stand, hatte er Papa mit einem Gehstock auf den Kopf geschlagen.

»Ehrlich, Catcher! Ich hatte das Blatt meines Lebens!«, rief Papa noch immer, als man seine Platzwunde in der Unfallklinik versorgte. »Der Pott hätte mir gehört, ich hoffe, ihr wisst das! Fragt den einen Feuerwehrmann, der kann es bezeugen!«

Den Rest des Tages verbrachte Papa damit, Mannas Uhr zusammenzubauen. Aber obwohl er ein begabter Mechaniker war, ging sie seit diesem Tag immer eine Viertelstunde vor, und zwar so genau – man konnte die Uhr danach stellen.

***

Im Sommer kam die Olympiade, aber die interessierte mich nicht, ausgenommen der Schwimmer Mark Spitz, der ganz allein sieben Goldmedaillen gewann. Im Fernsehen sang eine

Gruppe »Soley, Soley«. Das Lied war noch besser als »Straßburg lag im Sonnenschein«.

Papa kaufte sich ein neues Auto, einen feuerroten Ford Taunus. Mit dem fuhr er zum *Nordlicht* und zeigte ihn allen. Er arbeitete jetzt als Minicar-Fahrer. Minicar, das war so etwas Ähnliches wie Taxi. Leute riefen in der Funkzentrale an und bestellten ein Auto. Papa kam dann zu ihnen und holte sie ab. Nur auf die Taxihalteplätze durfte er sich mit seinem Auto nicht stellen, denn es hatte kein Taxischild oben auf dem Dach.

Zu Weihnachten bekam ich eine Matchbox-Bahn, Winnetou I, Brehms Tierleben und eine Hose, die kratzte. Die neuen Matchbox-Autos hatten schnellere Räder und sahen wie Phantasieautos aus. Am besten gefiel mir der rote Dragster-VW, der Volks-Dragon hieß. Wenn ich Autorennen spielte, ließ ich ihn immer gewinnen. Siku-Autos rollten nicht so gut und waren doof.

1973

THEY HAVE TWO CHILDREN

Mama war wieder schwanger. Im Februar sollte ein zweites Brüderchen kommen. Es wurde beschlossen, dass es Matthias heißen sollte. Aber als Matthias auf die Welt gekommen war, kehrte Papa vom Standesamt zurück und hatte ihn Manfred genannt, nach seinem Bruder. Mama sprach mit Papa eine Woche lang kein Wort.

In der Schule sagte Herr Grepel, ich dürfte nach den Sommerferien auf die Realschule gehen. Bevor es so weit war, fuhr Papa mich zu Tante Dora und Onkel Johnny nach Lunden in Holstein.

Tante Dora war die Schwester von Omma Zarth und also Papas Tante. Sie und Onkel Johnny hatten drei Kinder: Angela, Jörg und Jens, der zwei Jahre älter war als ich. Außerdem lebte noch Uroma Laabs dort, die einen großen, gelben Hund besaß, der Helmut hieß. Hinter dem Haus gab es einen Schweinestall und hinter dem Schweinestall einen Garten mit Erdbeeren, Mohrrüben, Kartoffeln, Bohnen und Stachelbeersträuchern. Onkel Johnny war Maurer und immer sehr streng. Papa war in Lunden aufgewachsen. Geboren worden war er aber in Pommern. Das lag jetzt in Polen, hatte mir Mama erzählt.

Im Zimmer von Jörg und Jens las ich mein erstes *Asterix*-Heft – »Asterix und Cleopatra.« Im Kaufmannsladen konnte man Tüten kaufen, in denen Kaugummis und kleine Figuren aus dem *Asterix*-Heft waren. Jens besaß noch viele andere Comichefte, die ich nicht kannte, zum Beispiel *Popeye* oder *Jumbo & Dixi*. Es war ganz schön anstrengend, die alle zu lesen. Viel lieber wäre ich rausgegangen, um bei dem schönen Wetter zu spielen, aber dazu war wegen der ganzen Hefte keine Zeit. Anschließend waren meine Augen ganz müde, und Onkel Johnny schimpfte mit mir.

Als ich im Stall einem Schwein den Zeigefinger in den Rüssel steckte, biss es mich. Das war gemeingefährlich, das Vieh.

Wenn ich groß wäre, würde ich Angela heiraten. Die sah schon wie eine richtige Dame aus und arbeitete bei einem Friseur. Manchmal durfte ich in ihr Zimmer, in dem sich eine Schminkkommode mit drei Spiegeln befand. Wenn man die äußeren Spiegel verstellte, konnte man seinen eigenen Hinterkopf sehen. Auf der Kommode standen jede Menge kleiner, seltsamer Fläschchen. Mama hatte nur ein Fläschchen Tosca, aber das benutzte sie nie. Das musste sie auch nicht. Sie war auch ohne Parfüm und Schminke schön. Wenn sie zum Einkaufen ging, hupten immer die vorbeifahrenden Autos, und Mama rief dann: »Idiot!«

Jörg war Tambourmajor in einem Spielmannszug und Jens Trommler. Wenn ich ihn darum bat, trommelte er mir in seinem Zimmer was vor. Einmal nahm er mich zum Angeln mit. Wir fingen aber nur Krebse und einen klitzekleinen Aal.

In Lunden gab es keine Büdchen, nur ein Geschäft, da konnte man ein Eis kaufen, das »Surprise« hieß. »Surprise« hieß Überraschung, hatte Jens mir erklärt. Innen im Eis war eine Art Himbeergelee versteckt. Eis von Langnese gab es in Lunden nicht. Komisch.

***

Papa ging mit Peter Hartung und mir ins *Scala* in Dortmund-Eving. Der Film hieß *Vier Fäuste für ein Halleluja* und war das Witzigste, was ich je gesehen hatte. Der war sogar noch

Mit dem neuen Ford Taunus in Lunden

Zeche Minister Stein in Dortmund-Eving

besser als *U-Boot 3000 – Tauchfahrt des Grauens* oder *Sindbads siebente Reise*, den ich im Fernsehen gesehen hatte. In *Vier Fäuste für ein Halleluja* gab es den müden Joe, der sich von seinem Pferd auf einer Matte liegend ziehen ließ, weil er zum Reiten zu faul war. Am komischsten waren die Schlägereien. So lustige gab es in anderen Cowboyfilmen nicht.

Die besten Sendungen im Fernsehen waren *Schweinchen Dick* und *Tarzan* mit Ron Ely. Blöd waren dagegen *Bonanza* und *Rauchende Colts*. Und neuerdings gab es eine Kindersendung, die *Sesamstraße* hieß. In der tauchten bunte, lustige Puppen auf wie Kermit der Frosch und Ernie und Bert. Und es gab einen großen, gelben Vogel namens Bibo.

Nach den Ferien brachte mich Papa mit dem Auto in die neue Schule: die Friedrich-List-Realschule in der Uhlandstraße, gar nicht weit von der Wohnung von Onkel Manfred und Tante Christa entfernt.

Mein neuer Klassenlehrer hieß Herr Runde und war schon sehr alt. An seinem rechten Handgelenk trug er ein Stützarmband aus braunem Leder. Weil wir zu spät kamen, kriegte ich nur noch einen Platz ganz hinten in der letzten Reihe links, wo die Brillenträger und die Komischen saßen.

Wir waren die 5a und ausschließlich Jungen. Die Mädchenrealschule grenzte direkt an den Schulhof an und hieß Gertrud-Bäumler-Schule. Neben Lehrern gab es aber trotzdem Lehrerinnen auf der Friedrich-List. Die Lehrer waren fast alle alt und die Lehrerinnen jung. Die ganz jungen Lehrerinnen trugen manchmal Hotpants.

Englisch lernten wir bei Frau Massin.

»This is Mr. Clark. This is Mrs. Clark. They have two children.«

Im Englischen wurde fast alles kleingeschrieben und die Wörter fast nie so ausgesprochen, wie sie im Buch standen.

Neu war auch das Sprachlabor. Dort saß man in einer Art Kabine und hatte Kopfhörer auf.

Bei Herrn Runde hatten wir Geschichte und Deutsch. Ständig wiederholte er alles aus der Stunde zuvor. Bei den Klassenarbeiten gab es fast immer nur Vieren, Fünfen und Sechsen, ganz selten eine drei. Die hatte dann fast immer Andreas Pillat.

Uns nannte Herr Runde bald nur noch »Saubande« oder »Strohköpfe«. Die Klassenarbeitshefte gab er uns nicht in die Hand, sondern schleuderte sie durch den ganzen Klassenraum. Dann mussten wir aufstehen und unser Heft vom Boden aufheben, wobei er uns anschrie, wir wären faule Kretins. Noch mehr Angst hatten wir nur vor Herrn Franke, dem stellvertretenden Direktor, der ab und zu Vertretung bei uns machte.

***

Im Fernsehen lief die *Otto-Show* mit einem Komiker aus Ostfriesland. Der war wirklich umwerfend komisch. Auch in der Schule sprachen alle davon. Und statt *Schweinchen Dick* kam nun *Der Rosarote Panther.*

In unserer Klasse gab es drei Michaels, vier Andreasse, drei, die Frank, und sechs, die Thomas hießen. Herr Runde sagte, deren Eltern seien einfallslos gewesen, und er habe keine Lust, die einzelnen Thomasse, Franks, Andreasse und Michaels auseinanderzuhalten. Darum gab er denen, die so hießen, neue Namen. Die Andreasse hießen nun Odin, Wotan, Loki und Thor, die Thomasse Goethe, Schiller, Hebbel, Lessing, Stifter und Kleist, die Franks nach den deutschen Kaisern Otto, Ludwig und Karl, und als die Michaels neue Namen bekommen sollten, klingelte es zur Pause, und Herr Runde nannte sie in aller Eile Dick, Doof und Dämlich. Dämlich – das war ich.

Am nächsten Tag hatte Herr Runde bereits vergessen, wer Loki, Lessing oder Ludwig war. Nur Dick, Doof und Dämlich hatte er sich dummerweise gemerkt. »Dämlich! Aufstehen und nach vorne an die Tafel!«, hieß es nun immer.

Hin und wieder bekamen wir zu Hause Besuch von Onkel Werner. Onkel Werner war kein richtiger Onkel, gehörte aber, weil er regelmäßig kam, trotzdem zur Familie. Hatte Papa beim Kartenspielen ausnahmsweise gewonnen, gab er Onkel Werner Geld. Mama mochte Onkel Werner nicht und nannte ihn Gerichtsvollzieher.

Manchmal klebte Onkel Werner bunte Plaketten auf die Möbel. Die auf der Seite des Wohnzimmerschranks knibbelte ich eines Tages ab und klebte sie auf meinen Tornister. Sie leuchtete rot. Als ich aus der Schule kam und Mama es sah, schien sie bestürzt. »Mach das nie wieder!«, wies sie mich an.

Im Schaufenster des Büdchens an der Oettringhauser Straße hing der neue *Lucky Luke*: »Lucky Luke und der Kopfgeldjäger«. *Lucky Luke* las auch Papa sehr gern, und ich quengelte so lange, bis er das Heft kaufte. Aber ich musste von meinem Taschengeld eine Mark dazutun, und Papa durfte es als Erster lesen. In der Geschichte ging es um den Indianer Tea Spoon, auf den ein reicher Pferdezüchter 100.000 Dollar Kopfgeld ausgesetzt hatte, weil er ihn verdächtigte, sein Lieblingspferd gestohlen zu haben. Papa hatte beim Lesen einen Kaffeefleck auf den Umschlag gemacht.

Außer *Lucky Luke* las ich noch *Zack, Tarzan, Dick & Doof* und die *Lustigen Taschenbücher*, aber nur die mit Onkel Dagobert, Donald Duck und seinen drei Neffen. Wer war eigentlich die Mutter von denen? Geschichten mit Micky Maus und Goofy waren doof, außer wenn das Phantom darin vorkam.

Einmal kam Monika, eine Cousine von Mama, mit ihrem Freund zu Besuch, und er schenkte mir eine ganze Einkaufstüte voll Comics. Darin waren lauter Hefte, die ich nicht kannte: *Wastl, Jupiter, Bolo* und *Vampirella*. Vampirella war fast vollkommen nackt, und keine der Geschichten in den *Vampirella*-Heften war komisch. Solche Comics gab es also auch. In einem Heft, das *Pip* hieß, gab es sogar Fotos von ausgezogenen Frauen. Sehr seltsam. Was suchten die in einem Comic-Heft?

Nicht so gut waren die *Primo*-Hefte, *Felix* und *Fix & Foxi*. *Fix & Foxi* waren nur gut, wenn das Marsupilami darin vorkam, ein gelbes, schwarz geflecktes Tier aus dem Urwald von Palumbien mit meterlangem Schwanz, das unglaublich stark und beinah unbesiegbar war. Später bekam ich von Onkel Catcher auch *Superman*- und *Batman*-Hefte geschenkt, aber die waren ziemlich verwirrend. Da gab es grünes Kryptonit, weißes Kryptonit, blaues und noch andere Sorten. Allen Sorten war gemeinsam, dass sie die Superkräfte von Superman lahmlegen konnten, aber immer auf andere Art. Außerdem gab es noch Bizarro, der so ähnlich wie Superman aussah, und Bizarro-Welt, wo plötzlich alles anders war als in Supermans richtiger Welt. Und es gab Terraman, Aquaman, den Roten Blitz, die Gerechtigkeitsliga, den Joker und den Pinguin. Manchmal kämpften Superman und Batman auch gemeinsam. Der beste Freund von Superman hieß Jimmy Olsen.

Papa war mit Mama im Kino gewesen, und sie hatten sich *Papillon* angesehen. Mama war ganz begeistert von diesem Film und erzählte, wie Papillon auf eine Leprainsel gelangte und dort einem Leprakranken die Hand schüttelte.

Mein bester Freund auf der Friedrich-List-Realschule war Guido Niebecker. Im Rauhen Kamp besaßen seine Eltern ein Haus, das im Garten sogar einen Swimmingpool hatte. So etwas hatten nicht mal die Happichs. Im Keller stand eine große Eisenbahnplatte, und es gab einen Partyraum mit Theke und einem Geldspielautomaten an der Wand.

***

Kirmes auf dem Fredenbaumplatz, 1977 (Foto: Bernd Stangl)

Als Kirmes auf dem Fredenbaumplatz war, ging die versammelte Familie hin: Meine Onkel Manfred, Bernhard, Heinzi und Catcher, Omma Zarth und meine Tanten Marianne und Christa. Mein Cousin Andreas und ich durften mit der Raupe fahren. Da stülpte sich zum Schluss der Fahrt ein Zeltdach über die Wagen. Die Achterbahn nannte Mama Berg-und-Tal-Bahn und war davon nicht abzubringen. Auch eine Boxbude gab es, und wir gingen alle hinein. Zu Beginn kam ein Mann und sagte, dass derjenige, dem es gelinge, drei Runden im Ring gegen einen der Boxer zu bestehen, hundert Mark bekommen würde. Papas Arm schnellte in die Höhe. Als er jung war, hatte er in den Hinterhöfen rund um den Nordmarkt selber Boxkämpfe organisiert.

Mama rief: »Hans-Jürgen, bist du verrückt!?«, aber meine Onkel waren begeistert.

»Zeig's ihm, Großer!«, riefen sie ihm zu, als Papa in den Ring kletterte, wo schon ein Boxer auf ihn wartete.

Man zog Papa Boxhandschuhe an und erklärte ihm die Regeln. Dann ertönte ein Gong, und Papa schlug den Boxer nieder. Das Publikum johlte und klatschte, aber der Besitzer der Boxbude weigerte sich, Papa die versprochenen hundert Mark auszubezahlen. Er sagte, Papa habe nicht die vollen drei Runden gekämpft.

Das Publikum buhte.

Papa schlug den Besitzer der Boxbude nieder.

Das Publikum johlte.

Drei weitere Boxer stiegen zu Papa in den Ring und gingen auf ihn los. Jetzt kletterten auch Tante Marianne, Onkel Catcher und Onkel Manfred hinauf.

Tante Marianne schlug mit ihrer Handtasche zu.

Das Publikum johlte.

Als die drei Boxer auf dem Boden lagen, kamen Papa, Onkel Catcher, Tante Marianne und Onkel Manfred wieder herunter. Papa rief dem Chef der Boxbude zu, das Geld könne er sich in die Haare schmieren, und Onkel Catcher erklärte, bei der nächsten Kirmes kämen wir wieder, der Budenbesitzer solle sich schon mal bessere Kämpfer besorgen.

Als wir gingen, wurde überall geklatscht, nur Mama schimpfte mit Papa, er und seine Geschwister hätten sich mal wieder zum Affen gemacht, es sei immer dasselbe.

1974

ES WAR EINMAL EIN JÄGER

Im Hausflur brachte ich meinem kleinen Bruder Manfred das Laufen bei, und im Fernsehen gab es eine neue Zeichentrickserie. Darin ging es um einen kleinen Wikingerjungen, der große Angst vor Wölfen und allem Möglichen hatte, dafür aber immer gute Einfälle, wenn er mit seinem Vater Halvar und dessen Männern auf Raubzügen war und sie plötzlich wieder mal in Schwierigkeiten steckten: *Wickie und die starken Männer.*

Den Grand Prix de la Chanson gewann die Gruppe Abba aus Schweden mit dem Lied »Waterloo«, das auch das beste im ganzen Wettbewerb war. Deutschland kam mit Cindy & Bert und der »Sommermelodie« nur auf Platz 14. Kein Wunder. Was sie angehabt hatten, sah wirklich fürchterlich aus: Bert ganz in Grün, Cindy in einem scheckigen Flatterkleid in Grün und Orange.

Zu meinem Geburtstag bekam ich einen Kassettenrekorder mit Mikrofon geschenkt und dazu drei Leerkassetten. Mit dem Mikrofon konnte ich Lieder aus dem Radio aufnehmen: »Es war einmal ein Jäger« von Katja Ebstein, »Willst du mit mir gehen« von Daliah Lavi, »Augen wie Feuer« von Vicki Leandros und »Hier steht ein Mensch, öffne die Tür«, aber bei dem Lied wusste ich nicht, wer es sang, weil der Radiomoderator es nicht angekündigt hatte.

Kurz nach meinem Geburtstag spielte Deutschland gegen Holland, und wir wurden Weltmeister. Papa schickte mich zu Klode, der Frau, die das Büdchen betrieb, Eis holen für alle. Auf dem Weg dorthin rief ich probeweise ein paar Mal: »Wir sind Weltmeister!«, aber ich fühlte mich nicht anders als sonst. Auf den Straßen standen Männer und jubelten laut.

***

Nachts schellte es plötzlich sehr laut an der Tür. Ein blutüberströmter Mann bat Mama, telefonieren zu dürfen. Er war mit seinem Auto von der Straße abgekommen und in den Graben gefahren. Ein Krankenwagen kam.

Morgens, als Papa von der Nachtschicht zurückkehrte, berichtete ihm Mama, was geschehen war, und Papa sagte: »Ich hab vergessen, mir Zigaretten zu kaufen. – Micky, schau mal, ob du im Wagen von dem Mann welche findest ...«

Aber als ich den Straßengraben erreichte, war dort schon die Polizei und sicherte Spuren. Als ich einen der Beamten fragte, ob ich Zigaretten kriegen könnte, jagten sie mich weg.

Drei Tage später fuhr schon wieder ein Auto in den Graben. Diesmal war es ein Tankwagen, aus dem Tausende Liter Milch ausliefen, die einen halben Meter hoch im Graben stand. Frau Gierse lief mit zwei Eimern hin, um sie zu füllen, aber die Milch war ganz schmutzig und nicht mehr zu gebrauchen. Das täte ihr im Herzen weh, sagte Frau Gierse. Die schöne Milch!

Mit einem großen Kran wurde der Tankwagen aus dem Graben gehievt. Aufregend, was neuerdings alles auf der Evinger Straße geschah.

Im Fernsehen gab es eine neue Sendung, in der drei Kandidaten zunächst Fragen zu ihrem persönlichen Spezialgebiet und anschließend allgemeine Fragen von einer Monitorwand beantworten mussten. Sie hieß *Der große Preis* und wurde von Wim Thoelke moderiert. Wim, was für ein komischer Name!

***

Wieder schellte es nachts, aber diesmal war es kein blutender Mann, sondern Onkel Bernhard, der sich heimlich von der Bundeswehr davongemacht hatte und auf einem gestohlenen Fahrrad von Münster bis zu uns gefahren war. Bis zu Omma Zarth hatte er es nicht mehr geschafft, denn er war völlig ausgehungert und erschöpft. Mama stellte eine Pfanne auf den Herd und machte ihm Koteletts. Dann rief sie in der Minicar-Zentrale an, damit man Papa über Funk ausrichtete, er müsse schnell nach Hause kommen, Onkel Bernhard sei desertiert. Als Papa kam, hatte er Onkel Manni und Onkel Heinzi dabei. Zusammen mit ihrem fahnenflüchtigen Bruder spielten sie am Küchentisch Schafskopf, später brachten sie Onkel Bernhard in die Kaserne zurück.

1975

IRGENDWAS VON SLADE

Auf dem Nachhauseweg nahm mir ein größerer Schüler einen Schuh weg und warf ihn über eine Mauer. Ich kehrte mit einem blauen Auge und ohne rechten Schuh nach Hause zurück. Am nächsten Tag wartete Onkel Catcher nach der Schule auf mich, und ich musste ihm den Schläger zeigen. Anschließend sah Onkel Catcher zu, wie ich den Größeren verprügelte.

»Gib ihm noch eine, Micky«, sagte Onkel Catcher, »sonst mach ich das!«, und der größere Junge bat mich, ihm noch eine zu hauen. Nur den rechten Schuh fanden wir nicht wieder, was sehr dumm war, denn ich besaß kein anderes Paar, und Geld für ein neues hatten wir auch gerade nicht. Also ging ich in den Schuhen meiner Mutter, die ungefähr dieselbe Größe hatte, zur Schule. Sie wartete bereits auf meine Heimkehr, damit sie endlich einkaufen konnte. Die Schuhe, die ich trug, waren auch ihr einziges Paar. Papa hatte zwar schon am Abend vorher versucht, das Geld für ein neues Paar Schuhe für mich beim Kartenspielen im *Nordlicht* zu gewinnen, aber leider verloren.

Als ich am nächsten Tag erneut in den Schuhen meiner Mutter in die Schule kam, regnete es denselben Spott auf mich hernieder wie schon tags zuvor. Fest und steif beharrte ich darauf, Männerschuhe zu tragen, aber natürlich waren meine Mitschüler nicht blöd. Als Bernd Gierach sagte, dass ich ein Schwulibert sei, knallte ich ihm meine Faust ins Gesicht. Er verpetzte mich beim aufsichtsführenden Lehrer, und ich wurde zum Direktor, Herrn Gröblinghoff, abkommandiert.

Herr Gröblinghoff wollte wissen, warum ich so brutal auf meine Mitschüler losgehen würde, er dulde an seiner Schule keine Gewalt. Wortlos starrte ich auf meine Schuhe, aber Herr Gröblinghoff verstand den stummen Hinweis nicht. Stattdessen schrieb er einen Zettel. Meine Eltern sollten in die Schule kommen. Damit entstand ein neues Problem. Da Mama und ich uns ihre Schuhe teilten, konnte ja nur einer von uns beiden in die Schule kommen. Also sagte Mama zu Papa, er müsse allein gehen, wovon Papa nicht begeistert war.

Als Papa mit mir in das Büro von Herrn Gröblinghoff trat, fing Herr Gröblinghoff sofort an zu schreien. Ein feines Früchtchen hätte Papa sich da großgezogen! Papa brach ihm mit einem Faustschlag die Nase. Menschen, die ihn anschrien, mochte er nicht.

»Was veranstalten Sie hier für ein blödes Theater?«, fragte Papa. »Meine Kinder sind keine Schläger, genauso wenig wie ich.«

Herr Gröblinghoff fand das nicht sehr überzeugend und sagte, das werde Konsequenzen haben, und drohte Papa mit einer Strafanzeige, was sehr dumm von ihm war. Papa verpasste ihm nämlich noch einen Schlag, und Herr Gröblinghoff musste in die Klinik.

Als er am Krankenbett Besuch von Onkel Bernhard und Onkel Catcher bekam, zog er die Anzeige zurück. Nur das Schuhproblem war damit noch immer nicht gelöst.

Fürs Erste bekam ich ein Paar von Onkel Catcher zugeteilt, dessen Schuhgröße der meinen am nächsten kam. Mama stopfte Papier in die Spitze, damit mein Fuß besseren Halt fand. Optimal war diese Lösung aber nicht. Onkel Catchers Schuhe hatten Plateau-Sohlen und zehn Zentimeter hohe Absätze. Beim Laufen hatte ich das Gefühl, auf Stelzen zu gehen. Meine Mitschüler fanden meine neuen Schuhe zwar knorke, aber für den Schulweg brauchte ich jetzt die dreifache Zeit.

Dann entdeckte ich durch Zufall, dass Onkel Catcher, der vor ein paar Monaten wieder zu Omma Zarth gezogen war, unter seinem Bett Sexhefte versteckte. Heimlich steckte ich einige ein und beschloss, mir meine Schuhe selbst zu verdienen. Die Hefte schlugen in der Klasse ein wie eine Bombe. Ich verkaufte immer nur einzelne Seiten, für fünfzig Pfennig das Stück. Drei Tage später war ich reich genug, mir meine neuen Schuhe selbst zu finanzieren. Mit meinem einträglichen Geschäft aber machte ich weiter. Munter schaffte ich weitere Hefte aus Onkel Catchers Versteck in die Schule und verkaufte sie in der Pause auch an Schüler anderer Klassen. Bis zu dem Tag, an dem Herr Mattheshausen, unser Kunstlehrer, die Hefte unter meinem Tisch entdeckte und sie konfiszierte. Er trug mir einen Tadel ins Klassenbuch ein und verständigte brieflich meine Eltern.

Als Mama von der Sache erfuhr, sagte sie, ich wäre ein Schwein. Und Onkel Catcher auch. Mama wollte jedenfalls nichts damit zu tun haben, und weil es seine Hefte waren, beauftragte sie Onkel Catcher, zu Herrn Mattheshausen zu gehen.

In der Schule forderte Onkel Catcher von Herrn Mattheshausen sein Eigentum zurück. Der jedoch sagte, er hätte die ekelerregenden Hefte verbrannt. Er war erst bereit, meinem Onkel den entstandenen Schaden zu ersetzen, als Onkel Catcher ihn bereits einige Zeit im Schwitzkasten hatte.

Draußen vor der Schule verpasste mir Onkel Catcher eine gewaltige Kopfnuss: »Meikel, lass in Zukunft meine Sachen in Ruhe! Ich hoffe, wir ham uns verstanden, okay?« Dann bot er mir eine Roth-Händle an und lud mich ins *Nordlicht* zum Flipperspielen ein. Ich aber hatte meine Einnahmequelle verloren. Bis mir einfiel, dass sich auch Onkel Bernhards Plattensammlung wahrscheinlich zu Geld machen ließ.

Als ich das nächste Mal bei Omma Zarth war, schlich ich mich heimlich in sein Zimmer. Onkel Bernhard hatte ganz schön viele Platten: von The Sweet, Middle of the Road, T. Rex, John Kincade und The Shocking Blue. Die hatten ein Lied namens »Venus«, das mir am besten gefiel. Gleich danach kam »Can the Can« von Suzi Quatro. Die hatte ich einmal in der Sendung *Disco* gesehen und mich augenblicklich in sie verliebt, weil sie ein bisschen so aussah wie meine Cousine Sabine.

Über Onkel Bernhards Bett hing ein großes Poster, auf dem ein grinsendes Skelett auf einem Motorrad mit irre hohem Lenker saß. In der Schule bekam ich von Dirk Nöske dafür zwei Mark und später von Onkel Bernhard eine Kopfnuss verpasst.

Die Sommerferien verbrachte ich wieder in Lunden, wo ich »Asterix bei den Briten«, »Die goldene Sichel«, »Asterix als Legionär« und »Asterix und die Normannen« las. Dass sich Obelix in Falbala verliebte, konnte ich sehr gut verstehen. Sie sah fast ein wenig aus wie Angela. Die wohnte nun aber nicht mehr bei Tante Dora und Onkel Johnny, sondern hatte in Heide eine eigene Wohnung.

***

Die Mutter von Mama hieß Omma Burbaum und wohnte am Nordmarkt in der Mallinckrodtstraße über einer Kneipe, die *Zum Zeppelin* hieß. Ihr erster Mann war bei einem Autounfall gestorben. Jetzt lebte sie mit Oppa Alfred zusammen. Bei Omma Burbaum war alles ganz anders als bei Omma Zarth. Es gab Tischdecken und Geschirr, wo die Tassen zu den Untertassen passten, und niemand rührte seinen Kaffee mit dem Messer um.

Trotzdem fuhren mein Bruder Martin und ich nicht gerne zu ihr, weil es dort immer so langweilig war. Nirgendwo konnte man spielen, denn die Zimmer waren mit Möbeln vollgestopft, und überall standen wertvolle Vasen und Porzellanfiguren herum, die man nicht anfassen durfte.

Dafür schenkte uns Omma Burbaum immer Geld, das mein

Der Kiosk am Dortmunder Nordmarkt in den frühen Achtzigern

Bruder und ich am Nordmarktbüdchen gegenüber verprassten. Omma Zarth schickte einen zwar immer zu Ihmann, anschreiben lassen, trotzdem war es dort besser, weil sie einem nie was verbot. Außerdem konnte man mit Onkel Bernhard oder Onkel Heinzi Spaßkloppe spielen oder mit allen zusammen Canasta.

Manchmal ging ich freitags nach der Schule dorthin und blieb das ganze Wochenende da. Dann durfte ich so lange aufbleiben, wie ich wollte, und mit Omma Heinz-Rühmann-Filme gucken oder Krimis. Gut war auch *Am laufenden Band.* Der Gewinner wurde vor einem Laufband auf einen Stuhl gesetzt und musste sich möglichst viele Gegenstände merken, die auf dem Band an ihm vorbeiliefen. Am wichtigsten waren immer der Globus und das Fragezeichen. Beim Globus bekam der Gewinner eine Reise geschenkt. Um zu ermitteln, wohin die Reise ging, wurde der Globus gedreht, und der Gewinner stoppte ihn mit seinem Finger. Gut war es, wenn der Finger zum Beispiel auf Australien landete. Hinter dem Fragezeichen verbarg sich dagegen eine Überraschung. Einmal war die Überraschung, dass in einem Neubaugebiet eine Straße nach dem Kandidaten benannt werden sollte. Das hätte meiner Omma auch gefallen. »Stell dir mal vor, Micky«, sagte sie zu mir. »Der-Omma-ihre-Straße. Klingt doch toll, woll?«

***

Papa verhielt sich plötzlich sehr seltsam. Irgendetwas schien ihn zu bedrücken. Dann rückte er mit der Sprache heraus und teilte Mama eine Woche vor der Abreise mit, dass er mit seinen Brüdern Manfred, Heinzi und Catcher sowie Omma Zarth, Manna und dessen Freundin Ilona nach Rumänien ans Schwarze Meer reisen würde. Papa hatte die Rechnung jedoch ohne Mama gemacht. Damit die Reise nicht verfiel, wurde sie auf mich umgebucht. Papa hatte das Nachsehen.

In einer alten Propellermaschine flogen wir an einem Samstagmorgen los. Onkel Manfred sagte, dass mit diesem Flugzeug wahrscheinlich schon Cäsar verängstigt zwischen Rom und Luxor hin und her gependelt sei. Zwar gäbe es keine Beweise dafür, dass es zu Zeiten der Römer bereits Flugzeuge gab, aber das wundere ihn nicht. Die Archäologen seien bei ihren Ausgrabungen nur deshalb nicht auf antike Flugzeuge gestoßen, weil die Dinger noch immer im Einsatz wären.

Panisch behielt Onkel Manfred während des Flugs die spuckenden Propeller im Auge und war vor Angst ganz grün im Gesicht. Auch Onkel Catcher zog nervös an seiner Roth-Händle ohne. Als er Hunger bekam, verlangte er von Omma Zarth ein Kotelett. Die öffnete daraufhin ihre Handtasche von der Größe eines Bundeswehrrucksacks, und Hansi, ihr blauer Wellensittich, flog, froh dem düsteren Gefängnis zu entkommen, heraus und flatterte nervös im Flugzeug herum.

»Mutter, spinnst du?«, sagte Onkel Manfred zu ihr. »Wieso hast du Hansi dabei?«

»Was sollt' ich denn machen?«, rechtfertigte sich Omma. »Zu Frau Plenzke konnte er nicht. Er und ihr Pauli vertragen sich nicht.«

Es war nicht ganz leicht, Hansi wieder einzufangen. Viele Passagiere fühlten sich gestört, und jemand rief die Stewardess. Aber Onkel Catcher konnte Petzen nicht leiden. Der Mann, der die Stewardess gerufen hatte, bekam von ihm eine geschallert.

»Mal was Neues«, sagte Manna, »so eine Prügelei hoch in der Luft«, stand auf und mischte mit.

Fast hätte Onkel Catcher dem von der Stewardess alarmierten Co-Piloten die Nase gebrochen. Onkel Manfred aber befahl dem Co-Piloten, augenblicklich zurück ins Cockpit zu gehen.

»Aber ganz schnell, mein Freundchen! Wenn wir deinetwegen abstürzen, nur weil du hier deinen Arsch spazieren führst, dann ist aber was los, das sag ich dir! Mich erst in diesen Steinzeitbomber lotsen und dann beschließen rumzuspazieren, so was hab ich schon gerne!«

Schließlich kam doch noch alles zur Ruhe. Die Stewardess kümmerte sich um die Verletzten, und ich verkaufte Koteletts an die Passagiere. Die restliche Zeit an Bord verging wie im Flug, und wir kamen sicher in Konstanza an, wo Militär den Flughafen sicherte. Die Soldaten hielten Maschinenpistolen in der Hand, und auf dem Rollfeld waren Panzer zu sehen.

»Na, das geht ja gut los hier«, sagte Onkel Manfred.

Ich teilte mir ein Zimmer mit Omma Zarth. Es befand sich im elften Stock des Hotels. Der Ort, an dem wir nun waren, hieß Neptun. Hier gab es fast nichts außer Hotels.

Direkt nach der Ankunft setzten sich Onkel Heinzi, Onkel Catcher, Manna und Onkel Manfred ins Foyer, um zu trinken und Karten zu spielen. Ich lief währenddessen herum, um die

Sachen, die meine Eltern mir mitgegeben hatten, anzubieten. Statt Taschengeld hatte Mama mir Dinge und Kleidungsstücke eingepackt, die man in Rumänien nicht kriegte: Jeans, Damenstrumpfhosen, Tampons, Haarspray und dergleichen mehr.

Ein Hotelangestellter kam und gab mir in gebrochenem Deutsch zu verstehen, dass es verboten sei, Westwaren im Hotel zu verkaufen. Dann wollte er wissen, was ich für die Jeans, die über meinem Arm hing, verlangte. Ich folgte ihm auf ein kleines Zimmer, und er kaufte mir die Jeans und eine Packung Tampons ab. Ich war nun stolzer Besitzer von zweihundert Lei, marschierte zur Bar und bestellte eine Cola.

Hinter der Bar arbeitete Kristina. Sie war sechzehn, und Onkel Heinzi hatte sie im vergangenen Sommer, als er mit seinem Freund Gallow in diesem Hotel war, kennengelernt. Kristina hatte sich in Onkel Heinzi verliebt, ich verliebte mich sofort in Kristina.

Auf dem Meer führten rumänische Kriegsschiffe Sprengungen durch. Wenn man im Meer schwamm, trieben jede Menge toter Fische um einen herum. Onkel Heinzi kaufte eine Luftmatratze und ließ sich von den Wellen treiben. Abends, als wir ins Hotel zurückgehen wollten, fragte Omma Zarth: »Wo ist eigentlich Heinzi?«

Als ganz kleinen Punkt konnten wir ihn am Horizont sehen. Er war auf der Luftmatratze eingeschlafen und mit der Ebbe aufs Meer hinausgetrieben. Es dauerte Stunden, bis er an den Strand zurückgepaddelt war, und auf seinem Rücken hatte er sich einen bösen Sonnenbrand geholt. Er stöhnte und war völlig entkräftet. Kristina besorgte Salbe und rieb ihn vorsichtig ein.

Wenn ich nicht am Strand war, fuhr ich von dem Geld aus meinen Warenverkäufen im Taxi herum und besah mir die Gegend. Sehr schön war es außerhalb der Hotelviertel nicht. Einmal, als ich allein am Strand entlanglief, traf ich auf ein Fischerdorf. Da sah es ganz komisch aus, und alle starrten mich an. Die Kinder scharten sich um mich, ein Junge zeigte immer wieder auf meinen Mund, bis ich begriff, dass er mein Kaugummi wollte. Ich nahm es heraus, und der kleine Junge steckte es sich glücklich in den Mund.

Die Armut der Kinder schnürte mir das Herz zusammen. Am nächsten Tag kehrte ich mit Kaugummipackungen aus dem Intershop zurück; auch Zuckertütchen hatte ich gesammelt, aber beides reichte nicht aus.

Auf dem Rückweg zum Hotel fiel ich in den ungesicherten Schacht eines Bunkers und schrappte mir die Beine auf.

Abends im Hotel spielten alle wieder Karten, außer Ilona, die auf Manna wütend war. Sie habe sich den Urlaub anders vorgestellt, sie habe keine Lust, immer bloß am Strand oder im Hotel rumzuhängen.

Anderntags, als wir beim Pool zusammensaßen, war plötzlich lautes Schreien zu hören. »Noch ein Wort, und ich lass dich fallen«, dröhnte Mannas Stimme von oben herab. Als wir am Hotel hochblickten, sahen wir Manna im dreizehnten Stock auf dem Balkon. An seinem ausgestreckten rechten Arm hielt er Ilona über die Brüstung. Abends reiste sie dann ab, und beim Kartenspielen sagte Manna kein Wort.

***

Nach den Ferien begann der Konfirmandenunterricht bei Pfarrer Fängewisch. Gott schuf den Menschen nach seinem Ebenbild, erklärte er uns. Als ich darüber zufällig mit Onkel Catcher sprach, sagte er: »Blödsinn! Die ersten Menschen waren Neandertaler. Und wenn Gott die nach seinem Ebenbild gestaltet hat, müsste er ja ebenfalls Neandertaler sein.«

Als ich Pfarrer Fängewisch in der nächsten Konfirmandenstunde mit dieser Überlegung konfrontierte, reagierte er unwirsch. Für die Zukunft, sagte er, solle ich mich in Fragen des Glaubens an ihn und nicht an meinen Onkel halten.

Zum Frühschoppen fuhr mein Vater sonntags mit uns nicht länger ins *Nordlicht*, sondern in die *Kleine Postkutsche*, die sein Bruder Manni übernommen hatte und sich ungefähr Schützen-/ Ecke Mallinckrodtstraße befand. Seine Arbeitsstelle als Elektriker bei Hoesch hatte Onkel Manfred aufgegeben, worüber Tante Christa nicht begeistert war. »Jetzt hängt er noch öfter in der Kneipe rum als früher«, war ihr Kommentar.

Wir Kinder dagegen waren umso begeisterter, denn Onkel Manfred hatte in seiner Kneipe etwas, was woanders nicht zu finden war, nämlich einen echten Indianer, den alle Winnetou nannten. Angeblich hatte Onkel Manfred ihn in Hamburg auf der Reeperbahn entdeckt; wie er aber nach Deutschland gelangt war, konnte niemand erklären. Jedenfalls hatte Winnetou einen beruhigenden Einfluss auf die Gäste, auch wenn er nicht viel mehr tat, als still an einem Tisch in der Ecke zu sitzen.

»Guckst du meiner Regine noch einmal in den Ausschnitt, gibt's 'nen Satz heiße Ohren. Ham wir uns verstanden, mein Freund?«

»So tief, wie der ihr Ausschnitt ist, brauchste dich gar nicht wundern, wenn ich mal'n schnellen Blick riskier.«

»Freundchen, ich hab dir gerade was gesagt!«

»He, ihr zwei, hört mal auf zu streiten. Was soll denn der Indianer von uns denken? Der glaubt noch, ihr seid Wilde.«

»Selber Wilder!«

»Von wegen. Der hat sogar 'ne elektrische Zahnbürste, Kollege. Die hast du aber nicht.«

»Wofür auch. Hat ja kaum noch Zähne.«

»Und du gleich auch nicht mehr, wenn du mir krumm kommst, verstanden?«

»Wie bei den Hottentotten hier. Winnetou muss auch denken: Wo bin ich hier nur gelandet, alter Schwede?«

Anders als früher stand ich, wenn Papa uns mit zum Frühschoppen nahm, nun nicht mehr am Flipper, sondern bei den Erwachsenen und spitzte die Ohren. Erste philosophische Einsichten in die tieferen Schichten des Lebens wurden mir zuteil.

»Bier schmeckt heute komisch, Manfred!«

»Mein Bier schmeckt komisch? Mein Bier schmeckt überhaupt nicht komisch! Was mir hier nicht schmeckt, sind deine blöden Kommentare, Freundchen.«

»Sei mir nicht böse, Manfred, aber das schmeckt heut wirklich komisch. Echt jetzt.«

»Gallow«, rief Onkel Manfred, »komma her! Norbert meint, mein Bier schmeckt heute komisch. – Hier, trink mal.«

Onkel Manfred reichte Gallow ein Bier über die Theke. Gallow trank und verkostete den Schluck Export in seinem Mund wie einen teuren Wein.

»Und? Schmeckt doch nicht komisch, oder was?«, insistierte Onkel Manfred.

Langsam schluckte Gallow das Bier herunter und sagte: »Hm, weiß nicht ... Schmeckt tatsächlich anders als sonst. Ehrlich, Manfred. Nicht dass du glaubst, ich würd' hier Stuss erzählen.«

»Hab ich doch gesagt, schmeckt komisch heute«, schaltete sich nun auch Norbert wieder ein. »Irgendwie lau.«

»Lau?« Onkel Manfreds Brauen verschoben sich aufwärts. »Du kriegst gleich *lau* aufs Maul!«

Vom anderen Ende der Theke rief ein Gast am Geldspielautomat: »Was'n los da?«

»Norbert sagt, mein Bier schmeckt irgendwie komisch.«

Der Gast blickte zu Manfred, schüttelte seinen Zeigefinger und rief: »Komm du mir nach Hause, Püppchen!« und konzentrierte sich wieder auf den Geldspielautomat.

Aus der Musikbox dröhnte »Wenn die Rosen erblühen in Malaga« von Cindy & Bert, und Onkel Manfred nahm Norbert das Glas aus der Hand und kostete selbst.

»Das schmeckt doch nicht lau. Das schmeckt völlig normal.«

»Sprecht ihr vom Kotelett?«, fragte Röhm, der an einem Tisch am Fenster saß und an einem Kotelett knabberte.

Onkel Manfreds Gesicht glühte inzwischen.

»Was denn? Schmeckt das Kotelett etwa auch lau?«, wollte er wissen, und in seiner Stimme war nichts Freundliches mehr.

Röhm traute sich nicht mehr, etwas zu erwidern, denn Onkel Manfred hatte bereits seinen Platz hinter der Theke verlassen, ging auf ihn zu und riss ihm das Kotelett aus der Hand.

»Raus hier, Röhm! Und lass dich nie wieder sehen!«

»Aber ich hab doch überhaupt nix gesagt.«

»Raus, oder es geschieht gleich'n Unglück. Ich lass mich doch nicht verarschen von euch. Wer bin ich denn, hä? Euer Popanz, oder was?«

»Komm du mir nach Hause, Püppchen!«, kam es trunken aus der Richtung des Geldspielautomaten.

Onkel Manfred hatte Röhm bereits am Kragen gepackt und steuerte mit ihm dem Ausgang zu, als sich Winnetou erhob. Er lief quer durch den Raum und nahm den Rest des Koteletts vom Teller. Er biss ab und begann, mit sichtlichem Behagen zu kauen.

»Da!«, erklärte Onkel Manfred. »Winnetou schmeckt's. Von wegen lau! Die hab ich heute Morgen selbst gebraten, die Koteletts. Is' kein Fertigscheiß. Die sind doppelt paniert.«

»Hat ja keiner was gesagt gegen deine Koteletts«, erwiderte Norbert. »Haben mir immer sehr gut geschmeckt. Nur dein Bier, Manfred, das schmeckt heute irgendwie ...«

Weiter kam Norbert nicht. Onkel Manfred hatte ihn bereits rückwärts vom Hocker gezogen und schleifte ihn nach draußen.

»Noch wer, dem mein Bier nicht schmeckt?«, fragte er, als er wieder reinkam.

»Tu mich ma 'ne Cola, Manfred«, sagte Werner Sobotka, der neben der Musikbox stand und sich die ganze Zeit über nicht eingemischt hatte.

»Wieso? Ist dir mein Bier plötzlich nicht mehr gut genug?«

»Sobotka hat noch nie Bier getrunken, weißt du doch, Manfred«, versuchte Gallow zu schlichten.

»Eben«, sagte Röhm. »Der trinkt doch immer nur Cola und Kurze.«

»Könnt' ich nicht«, erklärte Norbert, der wieder zur Tür hereinkam. »Werd ich immer nur brall von.«

Gallow hob sein Glas und deklamierte: »Eines leert uns die Erfahrung: Nach dem Essen, vor der Paarung, brauchen Männer Flüssignahrung!«

»Mein Reden«, sagte Röhm, der wieder an der Theke stand. »Tu mal 'n Bier, Manfred!«

»Aber wehe, du machst hier den Lauten!«, warnte ihn Onkel Manfred und bediente den Zapfhahn.

»Herzflöte, ihr Luschen!«, war die Stimme meines Vaters zu hören, der am hinteren Ecktisch mit Catcher und Herrn Wallert Karten spielte.

»Ach, ist doch scheiße!«, rief Catcher, wandte sich um und schrie zur Theke hinüber: »Hey, Manfred! Wieso schmeckt 'n das Bier heute so komisch? Das kann ja keine Sau trinken, das Zeug!«

Manfred stürzte sich auf seinen Bruder.

»Jetzt geht das wieder los!«, sagte Röhm.

Die Musikbox begann, ein neues Lied zu spielen, irgendwas von Slade.

1976

KEINE LUST AUF ARBEIT: DIE BIENE MAJA

Der offene Bürgerkrieg in Angola wurde für beendet erklärt, der versteckte Buschkrieg ging jedoch weiter. Die beliebtesten Vornamen waren Nicole, Sandra, Stefanie, Christian, Stefan und Jan, und nichts ging über Bärenmarke. Die Arbeitslosenquote betrug 4,6 Prozent, und der Nachrichtensprecher im Radio sagte, Chinas Führer Mao Tse-tung wäre gestorben. Im ZDF war eine neue Serie gestartet, *Papermoon*, in der sich ein elfjähriges Mädchen mit ihrem Vater mittels kleiner Betrügereien durch die Wirtschaftskrise im Amerika der Dreißiger mogelt. Das kleine Mädchen wurde von Jodie Foster gespielt.

In Europa hatte die britische Gruppe Sailor mit »Girls, Girls, Girls« einen Hit, und aus Deutschland kamen Boney M. mit ihrer Disco-Nummer »Daddy Cool«. Deren eine Sängerin war früher mal bei den Les Humphries Singers gewesen.

Im Fernsehen wurde *Nonstop Nonsens* mit Dieter Hallervorden gezeigt. Die ganze Schule sprach anderntags davon, nur ich hatte die Sendung verpasst, weil meine Eltern Besuch gehabt hatten: Monika, die Cousine meiner Mutter, mit ihrem Mann. Aber ich konnte mich nicht beschweren, denn Monika hatte mir ein 1a Geschenk mitgebracht, die LP »Fireball« der Gruppe Deep Purple. Ihr sei die Musik zu hart, erklärte sie mir.

Die Platte war eine Sensation! Mehr noch: ein Erweckungserlebnis. Denn inzwischen ahnte ich, dass die Musik von Alvin Stardust oder den Rubettes längst nicht das Ende der Fahnenstange war, dass es Größeres geben musste, Musik, die einem in die Seele sprang und kostbare Verheißungen machte: Rock!

Schon die Fotos der Musiker im Innencover machten es deutlich: Irgendwie sahen Ian Gillan, Ritchie Blackmore, Jon Lord, Ian Paice und Roger Glover gefährlicher aus als zum Beispiel Brian Connolly, Mick Tucker, Andy Scott und Steve Priest von der Gruppe Sweet.

Auch die Musik klang fremd und anders als alles, was ich bisher gehört hatte, irgendwie dunkel und dämonisch, und es gab Lieder, die wesentlich länger waren als die Drei-Minuten-Songs der Singles, die ich besaß: »Waterloo« von Abba, »Ride A White Swan« von T. Rex und »Rock'n'Roll, Part 1 & 2« von Gary Glitter.

Dass ich mit der Musik auf dem Album nichts anfangen konnte, spielte gar keine Rolle. Wichtig war, dass ich mit ihr eine Welt betrat, von der ich zuvor nur sehr ungenaue Vorstellungen hatte. An diesem Abend, als ich in meinem Zimmer mit meinen Lego-Steinen spielte und dem Album »Fireball« lauschte, setzte ich zum ersten Mal einen Fuß aus dem Käfig meiner Kindheit und erhaschte einen Blick aufs Teenager-Dasein. Wie hätte Dieter Hallervorden dagegen anstinken können?

***

Omma Zarth ging mit mir in die Stadt, um mir eine Konfirmationsjacke zu kaufen, ein dunkelblaues Samtjackett, das etwas zu groß für mich war, damit ich es auch im nächsten Jahr noch würde tragen können.

Ein paar Tage später fuhr ich mit der Straßenbahn mit meiner Mutter erneut in die Stadt, um eine passende Hose zu finden. Meine Hoffnung, endlich eine echte Wrangler-Jeans vom US-Verkauf in einer Seitenstraße der Brückstraße zu bekommen, erfüllte sich nicht. Bei C&A suchte sie eine beigefarbene Stoffhose für mich aus. Anstatt neuer Konfirmationsschuhe sollte ich ein Paar von Onkel Catcher bekommen, das er nicht mehr trug.

Am Konfirmationstag war ich der Einzige, der Schuhe mit elf Zentimeter hohen Plateau-Absätzen trug, und überragte alle, auch unseren Pfarrer. Als wir Konfirmanden in der Kirche nach vorne zum Altar gerufen wurden, stolperte ich, versuchte, mich an Pfarrer Fängewisch festzuhalten, und stürzte gemeinsam mit ihm zu Boden.

»Verdammtes Schrankbett!«, hörte ich die Stimme meines Vaters, als ich hochroten Kopfes Herrn Fängewisch wieder auf die Beine half. Der Spruch, den er mit sauberer Handschrift in meinen Konfirmandenbrief geschrieben hatte, lautete übrigens: »Selig sind die geistig Armen, denn ihrer ist das Himmelreich.«

Sollte vielleicht doch noch Hoffnung für mich bestehen?

Zur Konfirmation hatte ich von meiner riesigen Verwandtschaft insgesamt eintausenddreihundert Mark bekommen und fühlte mich, als ich montags den Laden von Radio Grebe betrat, wie ein Fantastilliardär. Weil es keine Platten von Deep Purple gab, kaufte ich drei von Status Quo und eine von Ufo, außerdem noch eine von Amon Düül 2, »Wolf City«. Amon Düül 2 – was für ein außergewöhnlicher Name! Allerdings war auch die Musik dieser Gruppe sehr außergewöhnlich. Hätte ich stattdessen mal die Platte von Frank Zander gekauft.

Der beste Song von Status Quo, so entdeckte ich zu Hause, hieß »Roll Over Lay Down« und war wirklich ein Hammer! Das tröstete mich ein wenig über den Amon-Düül-2-Fehlkauf hinweg. Trotzdem nahm ich die Amon Düül 2 am Dienstag mit in die Schule und ließ mich mit der Platte bewundern. Niemand meiner Mitschüler hatte je von dieser Band gehört, geschweige denn von einer Sängerin, die Renate Knaup-Krötenschwanz hieß.

Uwe Zander sagte, Musik von solchen Gruppen wäre Drogenmusik und wenn man sie höre, würde man wahnsinnig werden. Er selbst gehe auf Nummer sicher und sei ein Fan der Rolling Stones. Komisch, von denen hatte *ich* noch nie was gehört. »Rollende Steine« – auch ein ziemlich blöder Name für eine Band!

Ende Mai startete in der ARD eine neue Familienserie, *Unsere kleine Farm*. In der Hauptrolle war Little Joe von den Cartwrights zu sehen. Er hatte jetzt, wie es aussah, eine Familie und war mit ihr in einen Ort namens Walnut Grove gezogen. Anstatt wilde Abenteuer zu erleben, arbeitete er jetzt als Zimmermann und Schreiner. Wieso war er nicht auf der Ponderosa geblieben?

Auch im Vorabendprogramm des ZDF gab es etwas Neues, eine Zeichentrickserie namens *Hong Kong Pfui*. Aber die interessierte mich nicht, denn ich war dreizehn geworden. Mädchen beschäftigten mich, vor allem Katharina.

Obwohl kaum älter als ich, war sie bereits ein Maximum an Frau in einem Minimum an Körper. Gemeinsam mit mir hatte sie den Konfirmandenunterricht bei Pfarrer Fängewisch besucht, und besonders ihre Mireille-Mathieu-Frisur hatte es mir angetan. Kein Zweifel: Ohne dass sie es beabsichtigt hatte, war es Katharina Geserske gelungen, mir den Kopf zu verdrehen. Stand sie in meiner Nähe, reduzierte sich mein IQ reflexartig auf eine niedrige zweistellige Zahl.

Schließlich nahm ich all meinen Mut zusammen und fragte sie, als ich sie zufällig am Scharfen Eck vor dem Coop-Laden traf, ob ich sie nach Haus begleiten dürfte. Sie wohnte weit draußen im Wulfskamp, in einem alten, freistehenden Haus inmitten von Feldern, und zu meinem großen Erstaunen stimmte sie zu.

Noch erstaunter war ich, als sie auf ihr Fahrrad stieg, denn ich hatte *keines* dabei.

Und so trabte ich schwitzend und keuchend Kilometer um Kilometer neben ihr her, viel zu stark außer Atem, um ein Gespräch mit ihr führen zu können. Zu allem Unglück begann es zu regnen, Katharina steigerte ihr Tempo, und jeder Regentropfen, der zu Boden fiel, flüsterte mir zu: »Blödmann! Blödmann! Blödmann ...«

Als wir vor Katharinas Elternhaus angelangt waren, hatte ich Seitenstechen und japste wie ein Greis mit Asthma nach seinem ersten Marathon. Kein Wort kam mir über die Lippen. Katharina schob ihr Rad in den Hof und sagte: »Na, dann tschüss!«

Irgendwie hatte ich mir die Sache anders vorgestellt.

Aber wenn sie mich nicht wollte – auch gut. Hedda Fopel sah ebenfalls gut aus. Also nahm ich einige Tage später all meinen Mut zusammen, betrat eine Telefonzelle und suchte aus dem Telefonbuch ihre Nummer heraus. Ich hatte Glück, Hedda war selbst am Apparat.

»Hallo, Hedda, Michael hier. Ich wollte fragen, ob du ... ob du mit mir gehen willst ...«

»Nein! Wie kommst du denn darauf? Und Michael?«

»Ja?«

»Ruf nie wieder an!«

Wie machten das eigentlich die anderen Jungs? Guido Niebecker ging fest mit Silke Zölzer, und ich hatte gesehen, wie beide auf dem Spielplatz hinter der Hauptschule miteinander knutschten. Mann, hatte der ein Glück. Silke Zölzer! Das war oberste Liga. Mit so einem Mädchen würde ich mit Sicherheit nie zusammen sein. Auch nicht mit Linda Bagnato. Oder Claudia Senner. Oder Martina Mattern. Ich würde wahrscheinlich nie mit irgendeinem Mädchen zusammen sein. Irgendwie nahmen sie mich ganz einfach nicht wahr. Das Problem war: meine Hormone allerdings sie. Und wenn ich es nicht besser wüsste, würde ich sagen, meine Hormone waren mächtig geschwollen und hatten zu diesem Zeitpunkt bereits die Größe von Tennisbällen erreicht.

Es war mir nicht klar, und auch zu Hause war niemals die Rede davon, aber die schlimmste aller Krankheiten, die man sich in jungen Jahren zuziehen kann, hatte mich befallen. Nach den Windpocken, den Masern und Mumps wurde mein Körper nun von der Pubertät heimgesucht. Der Otto-Katalog wurde mein Freund, vor allem die Seiten, auf denen weibliche Modelle in Unterwäsche posierten.

Mein persönlicher Spitzenreiter war ein Produkt, das sich Büstenhebe nannte. Auf dem dazugehörigen Bild konnte man die weiblichen Brustwarzen sehen. War das nicht schon Pornografie? So einen Schweinkram abzubilden – die sollten sich was schämen bei Otto! Vorsichtig trennte ich die Seite heraus und versteckte sie in meinem Zimmer.

***

Im Sommer stand ein großes Abenteuer an. Fast die komplette Familie väterlicherseits stürmte die Flugzeuge, um vom Flughafen Düsseldorf aus gen Rumänien zu reisen, wo Onkel Heinzi in einer Stadt namens Medias nun endlich seine Kristina heiraten wollte. Omma Zarth samt ihrer sieben Kinder, meine Brüder, meine Mutter und ich, Tante Christa und Manna Nüst nisteten sich am Schwarzen Meer in einem Hotel in Neptun ein und brachen nach einer Woche, geleitet und beschirmt von der Braut, von Konstanza aus per Zug ins Landesinnere auf.

Im Hauptbahnhof von Konstanza herrschte ein großes Gewimmel. Menschen und Tiere knäuelten sich in großen Haufen. Vielleicht tauschten sie auch Genome aus, es war nicht genau zu erkennen.

»Hier sieht's aus wie an 'nem Samstagabend in deiner Pinte, Manni!«, verkündete Catcher. »Nur dass es besser riecht!«

Kristina hatte alle Mühe, Onkel Mannis Hände vom Hals seines Bruders zu trennen, und mahnte die Brüder, sich ruhig zu verhalten, die rumänische Polizei verstehe keinen Spaß.

Sie sollte recht behalten.

Vor dem Fahrkartenschalter drängelten sich Hunderte Menschen. In etwa sieben Minuten fuhr unser Zug. Das Problem war: Der Fahrkartenschalter hatte geschlossen. Als er zwei Minuten vor Abfahrt des Zuges endlich öffnete, presste sich die Menge dem Schalter entgegen. Einem Glücklichen wurde eine einzige Karte verkauft, dann schloss der Beamte den Schalter erneut.

»Nicht gut!«, kommentierte Kristina und erklärte, dass man in Rumänien fürs Schwarzfahren zwei Jahre Gefängnis bekäme, um dort gemeinsam mit Meuchelmördern, Vatermördern, Muttermördern, Kindesmördern, Frauenmördern, Räubern, Politischen, Irren, Ziegenliebhabern und Vegetariern in einer Großraumzelle zu darben.

Im Tausch gegen Onkel Heinzis Armbanduhr, zwei Feinstrumpfhosen der Marke *Nur die* und 500 Lei bekam sie die Fahrkarte des einen Glücklichen, dem sie verkauft worden war.

»Was sollen wir mit einer Karte?«, fragte Tante Anna.

»Na, was wohl«, belehrte sie Manna. »Die ist für Kristina. Damit sie auf freiem Fuß bleibt und uns rausboxen kann, wenn wir anderen in den Knast wandern ...«

Er hatte es als Witz gemeint – ein Blick auf Kristina zeigte uns aber, er hatte ins Schwarze getroffen.

»Na, das geht ja gut los«, klagte Onkel Manni und war ganz fahl im Gesicht.

Doch es blieb keine Zeit, große Ängste zu entwickeln. Kristina trieb uns in den Zug.

»Scheiß Ostblock!«, schimpfte Manna.

»Leise, verdammt!«, rief Onkel Manni. »Wenn dich einer hört! Dann sind wir 'nen Kopf kürzer, du Irrer!«

»Bei deiner Frisur vielleicht gar nicht mal schlecht«, erwiderte Manna, und Kristina hatte alle Mühe, Mannis Hände von Mannas Kehle zu trennen. Dann setzte sich der Zug schnaufend in Bewegung, und wir suchten nach freien Abteilen. Ich landete mit Omma Zarth, Manna Nüst und Onkel Manni in einem, das nur von einem uralten Greis, seiner augenscheinlich schwachsinnigen Tochter und einem Schaf in Beschlag genommen worden war. Derweil machte sich Kristina auf die Suche nach dem Schaffner, um ihn zu bestechen.

»Ich wette, der IQ vom Schaf ist höher als der von den beiden andern zusammen!«, sagte Manna Nüst und nickte dem Alten freundlich lächelnd zu.

»Foarte bine, prietenul meu!«, erwiderte der Greis und griente.

»Was sagt er?«, wollte Manna wissen.

»Dass du endlich dein blödes Maul halten sollst!«, sagte Manni. »Du stößt uns noch alle ins Unglück mit deiner blöden Laberei!«

»Deja este posibil«, sagte der Greis.

Nach einer halben Stunde erschien Kristina, um uns zu beruhigen.

»Alles in Ordnung«, erklärte sie uns. »Wenn der Schaffner kommt, reicht ihr ihm eure Personalausweise, dann weiß er Bescheid.«

Es sollte anders kommen. Nicht nur weil mein Vater drei Abteile weiter zum ersten Mal Glück beim Kartenspielen hatte und von seinen Mitreisenden einen Käfig mit Hühnern gewonnen hatte, worüber sich die Verlierer lautstark beim Schaffner beschwerten, sondern auch, weil in unserem Abteil plötzlich der Greis verärgert war und herumzuschreien begann, wodurch weitere Mitreisende herbeigelockt wurden.

»Wieso ist die Mumie plötzlich so wütend?«, wollte Manna wissen. »Und wieso sind in diesem Land eigentlich alle meschugge?«

Zum Glück erschien abermals Kristina und kämpfte sich durch die Gaffer zu uns ins Abteil. Auf Rumänisch fragte sie den Alten, was los sei. Der schimpfte wild zeternd drauf los und zeigte immer wieder auf seine Tochter, auf Manna und auf das Schaf. Als er sich ein wenig beruhigt hatte, wandte sich Kristina wieder an uns.

»Er ist zu alt, um selbst noch einen Erben zu zeugen, deshalb bittet er dich und bietet dir das Schaf dafür«, erklärte sie lachend.

»Er hatte vor, ein Kind mit seiner Tochter zu machen?«, erkundigte sich Manna verblüfft.

»Sie ist nicht seine Tochter – sie ist seine Frau«, klärte Kristina ihn auf.

»Also, Manna, mach hinne und tu ihm die Freude, damit hier endlich wieder Ruhe is'«, sagte Onkel Manni. »Bist ja sonst auch nicht wählerisch ...«

»Was soll das heißen?«, fragte Manna böse.

»Na, die Dicke neulich, mit der du abgezogen bist. Und sag mir jetzt nicht, das waren zwei. – Und wenn dir seine Frau nicht gefällt, nimm wenigstens das Schaf, als Zeichen deines guten Willens.«

Manna machte Anstalten, sich auf Manni zu stürzen, als plötzlich der Schaffner erschien. Sofort begann der Alte wieder zu schimpfen und deutete während seiner Tirade erneut auf Manna, das Schaf und das Mädchen, das seine Ehefrau war.

»Was für ein Scheißland«, fluchte Onkel Manni, »überall nur Irre und Idioten!«

»Was haben Sie gesagt?«, fragte der Schaffner.

»Dass das hier ein Scheißland ist, du blöder Penner! Bis auf meine Schwägerin in spe scheint's hier nur Bekloppte zu geben. Und du, mein Freund, scheinst mir der Häuptling zu sein.«

Erst in diesem Moment merkte Onkel Manni auf. Er zuckte zusammen.

»Sie sprechen Deutsch?«, fragte er dann.

»Ja, der bekloppte Penner spricht Deutsch!«, entgegnete der Schaffner.

»Mich haben sie auch schon beleidigt!«, sagte der Greis, nun gleichfalls auf Deutsch. »Tun Sie mir den Gefallen, Genosse, und erschießen Sie sie!«

Es gelang Kristina nicht, den in seiner Würde schwer gekränkten Schaffner zu überzeugen, Großmut walten zu lassen. Am nächsten Bahnhof stieg Polizei in den Zug und nahm Onkel Manni in Haft. Uns anderen blieb nichts anderes übrig, als ihm und den Polizisten zu folgen. Nur unter Protest ließ mein Vater den Käfig mit den Hühnern zurück.

Der Plan der Beamten, Onkel Manni dem örtlichen Polizeikommandanten zuzuführen, erwies sich als schwer durchführbar, weil dieser sich bei einem Fußballspiel in der Nachbarstadt befand. Nach langem Hin und Her stieß man Onkel Manni in ein Auto, um ihn ebenfalls dorthin zu befördern. Kristina wirkte besorgt, die anderen Frauen brachen nun in Tränen aus.

»Den sehen wir nie wieder!«, schluchzte Tante Anna.

»Alles ist nur meine Schuld!«, klagte Manna vor sich hin. »Wär' ich doch bloß auf das Angebot von dem Alten eingegangen ...«

»Wir müssen ein Auto mieten und den Polizisten folgen«, sagte Kristina. »Händigt mir eure Wertsachen aus.«

Als wir zwei Stunden später das örtliche Fußballfeld in der Nachbarstadt erreichten, schluchzten Omma Zarth, Tante Anna und Tante Rita noch immer. Zornig schleuderte die Sonne ihre Strahlen zur Erde, wir waren durstig, hungrig und verzweifelt dazu. Umso verblüffter waren wir, als wir Onkel Manni im Kreise der Beamten fröhlich an einem Tisch vor einer Kneipe sitzen sahen. Er wurde vom Polizeikommandanten als Held des Tages gefeiert, hatte er doch im Spiel gegen die verhasste Nachbargemeinde das entscheidende Siegtor geschossen.

»Ehrlich, so schlechte Spieler hab ich lange nicht gesehen!«, erklärte Onkel Manni. »Also hab ich auf Milan eingeredet, mich aufs Spielfeld zu lassen ...«

Milan, der Polizeikommandant, schlug meinem Onkel fröhlich auf den Rücken, wobei er fröhlich »Bumm! Puorta!« in die Runde schrie. Allen fiel ein großer Stein vom Herz.

»Wieder mal mehr Massel als Verstand gehabt!«, sagte Kristina. »Mit euch, da macht man was mit. Und in so was will ich übermorgen einheiraten ...«

Wie sich im Nachhinein herausstellte, hatte Onkel Manni aufgrund von Verständigungsproblemen versehentlich auf der gegnerischen Seite gespielt. Sein Eigentor in buchstäblich letzter Sekunde hatte ihm dennoch die Freundschaft des Kommandanten beschert. Mit großem Hallo wurden wir von den Beamten zurück zum Bahnhof geleitet, wobei Milan radebrechend – an deutschen Wörtern kannte er hauptsächlich »Abführen!« und »Erschießen!«; er hatte diese Wörter während des Krieges von einem deutschen Kollegen und Waffenbruder gelernt – die Schönheit seines Heimatlandes pries. In der Zusammenfassung lautete sein Loblied etwa so:

»Rumänien ist schön! Sein Himmel ist übersät von Myriaden funkelnder Sterne und die Luft geschwängert von den Düften der Rosen und des Hammelfetts. Sein Äther ist durchpulst vom ewigen Gezirpe der Fideln glutäugiger Recken und vom rhythmischen Klatschen der Stockhiebe auf die Rücken störrischer Esel und ungehorsamer Frauen.«

Drei Stunden später saßen wir endlich erschöpft in einem Zug, der uns glücklich nach Medias brachte.

Am Abend vor der Hochzeit trat Ernie, der Bruder Kristinas, an Onkel Heinzi heran und klärte ihn auf, dass man nun gemeinsam aufbrechen werde, um das Fleisch für das morgige Fest zu besorgen. Auch Dubrasch, ein Freund von Ernie, und ich durften mit.

Mit einem uralten Pritschenauto, an dem der vordere, linke Kotflügel fehlte, ging es hinauf in die Berge. Längst war die Sonne untergegangen, gespenstisch leuchtete im trüben Licht des einen Scheinwerfers die raue, wilde Landschaft vor uns auf. Ab und an kreuzte ein Bär die Straße oder ein Wolf, und einmal musste Ernie halten, weil ein Mann die Fahrbahn blockierte. Es war ausgerechnet der Alte aus dem Zugabteil, der seine Bitte erneuerte, jemand Starkes solle mit seinem jungen Weib beisammenliegen, damit er endlich einen Erben erhalte. Dubrasch versicherte ihm, sich in der nächsten Woche darum zu kümmern, und der Alte gab den Weg frei, froh, endlich Gehör gefunden zu haben.

»Früher hatten Männer wie er nicht diese Probleme«, erzählte uns Ernie, »da gab es in den Dörfern der Berge noch das Heuhaufenfest. Alle gebärfähigen Frauen eines Dorfes steckten am Tag des Heuhaufenfestes ihre Oberkörper in einen großen Heuhaufen, nur ihre nackten Hinterteile ragten heraus. Und alle Männer des Dorfes machten sich unten herum ebenfalls frei und stellten sich hinter die Frauen. So blieb in den abgelegenen Bergdörfern das Blut der Nachkommen frisch. Doch leider gab es einen Dorfvogt, dem diese Sitte zu archaisch war. Er tat nur deshalb mit den anderen mit, weil er um seine Wiederwahl zu fürchten hatte, falls er sich geweigert hätte, denn wir sind ein Land, in dem man Traditionen achtet. – Jahr um Jahr verging, und das Heuhaufenfest war bei Jung und Alt, insbesondere bei den Hässlichen und Idioten, über alle Maßen beliebt.«

»Und weshalb ist es dann abgeschafft worden?«, fragte Onkel Heinzi.

»Das hatte mit dem Dorfvogt zu tun. Sein Name war Kokucescu, und er hatte eine Tochter, die nun zum ersten Mal auch am Heuhaufenfest teilnehmen sollte. Wie die anderen steckte sie ihren Kopf in das Heu, und als sie spürte, dass auch sie Besuch erhielt, rief sie laut aus: ›Nun, was da in mir ist, das kenne ich doch! – Papa, bist du's?‹«

Damit hatte sich der Dorfvogt Kokucescu zum Gespött der Leute gemacht. Er verlor die Wiederwahl, ging nach Bukarest und wurde später Minister für Kanalbau, Zauberei und Kultur. An dem Tag, als er es wurde, verbot er das Heuhaufenfest. Den Verwandtenbeischlaf aber, den schaffte erst sein Nachfolger ab.«

Nun erzählte auch Dubrasch, um die lange Fahrt vergessen zu machen, in gebrochenem Deutsch eine Geschichte.

»Heinzi, hörst du mir zu! Kannte ich Mann, wo ging los, eine Drischbatzka kaufen. Stolperte er auf Weg zum Markt über Dose mit Bohnen, verstauchte sich Knöchel, humpelte in Bibliothek und las ein Buch über Knollen. Lernte er dort kennen Frau und verliebte er sich. Doch betrog ihn Frau mit Leihtraktorist mit Eiterbeule auf Stirn. Ließ sich Mann darum lang wachsen Nägel und studierte Physik. Eines Tages an Universität er sieht Frau mit Ziege auf Arm und verfällt er in Liebe zu ihr. Heiratet er Frau und bekommt er zur Hochzeit geschenkt was? Eine Drischbatzka! Siehst du, macht Gott immer alles gut und denkt sich an alle!«

Onkel Heinzi stutzte.

»Sagt mal, wollt ihr mich eigentlich verarschen?«

Ernie und Dubrasch brachen in Gelächter aus.

»Herzlich willkommen in der Familie! Du bist jetzt einer von uns.«

Es war bereits kurz vor Mitternacht, als Ernie den Wagen abermals stoppte.

»Alles aussteigen!«, wies er uns an.

Onkel Heinzi war irritiert, denn außer einer mit Pfählen eingezäunten Weide war weit und breit nichts zu erkennen oder zu sehen.

Sein zukünftiger Schwager zeigte auf die einsam auf der Weide stehende Kuh, die er mit einer Taschenlampe anleuchtete, und drückte Onkel Heinzi einen Vorschlaghammer in die Hand. Diesmal, so erfuhr Onkel Heinzi, nahm man ihn nicht auf den Arm.

An die Hochzeit von Onkel Heinzi und Tante Kristina selbst kann ich mich nur mäßig erinnern. Schuld war mein erster Rausch, den ich an diesem Tag hatte. Ernie hatte mich mit seinem selbst gebrannten Pflaumenschnaps bekannt gemacht. Nach den ersten fünf Gläsern war ich allmählich auf den Geschmack gekommen. Danach verlor sich das meiste im Nebel. Im Gedächtnis geblieben ist mir lediglich der deutschstämmige Pfarrer, der sich ununterbrochen und sehr ungeniert im Schritt kratzte, weil Läuse ihn plagten, wie er freimütig zugab. Ernie zufolge hatte der Pfarrer sie sich beim Heuhaufenfest 1967 geholt.

***

Mein Freund Guido erzählte, dass es im Jugendheim in Dortmund-Eving so etwas wie eine Jugendgruppe gäbe, die von dem Verein der Naturfreunde Deutschlands organisiert wurde. Er wäre vor zwei Wochen schon einmal mit Michael Schulz dort gewesen, der Verein würde auch Zeltwochenenden veranstalten, selbst Rauchen sei dort erlaubt. Ich rauchte zwar noch nicht allzu lange und nur dann, wenn ich mit meinen Onkeln Karten spielte – insgesamt jedoch klang das, was Guido erzählte, gar nicht schlecht. Ich beschloss, Guido und Michael Schulz zu begleiten. Einen Haken allerdings hatte die Sache: Vor dem Evinger Jugendheim lungerten jede Menge Bunken herum, die es darauf abgesehen hatten, uns, die wir auf die Realschule gingen, das Leben zur Hölle zu machen. Gymnasiasten trauten sich gar nicht nach Eving.

An diesem Tag hatten wir Glück. Die Hauptschüler nahmen uns lediglich unsere Zigaretten und Jeansjacken weg. Dafür hatte ich mein zweites musikalisches Erweckungserlebnis. Volker, der Leiter der Naturfreundejugend, hatte einen Schallplattenspieler und etliche Singles mitgebracht, darunter auch eine von Led Zeppelin. Ich hab die Single an diesem Tag nicht gehört, aber allein die Abbildungen der Musiker sagten mir, ich hatte etwas Großes entdeckt, und zwar nichts Geringeres als den Heiligen Gral. Von diesem Tag an war ich Led-Zeppelin-Fan.

Im ZDF gab es schon wieder eine neue Zeichentrickserie. Sie handelte von einer Biene namens Maja, die sich weigerte, wie die anderen Bienen im Bienenstock zu arbeiten, und lieber mit ihrem debilen Freund Willi durch die Gegend zog. Mama sagte: »Dass die sich nicht schämen, Kindern so ein schlechtes Vorbild zu geben.«

Auch im katholischen Gemeindehaus war neuerdings einmal im Monat was los. »Jugenddisco« nannte sich die Sache, doch auch hier galt es, den Bunken, die im Schiffhorst und in den Seitenstraßen rund um den Schacht der Brechtener Zeche wohnten, aus dem Weg zu gehen. Nur den Mädchen taten sie nichts.

Der Eintritt kostete fünfzig Pfennig, und im Saal flackerten Lichtorgeln auf. So ähnlich musste es auch im *King George* sein, der verrufenen Schlägerkneipe am Scharfen Eck, wo es sogar eine Prostituierte geben sollte.

Als ich mit Guido Niebecker in den Gemeindesaal trat, spielte der DJ, ein Gymnasiast aus Dortmund-Derne, einen langsamen Song von Wishful Thinking, und ich sah, dass Hedda Fopel ausgerechnet mit Uwe Schimmelpfennig tanzte, einem der schlimmsten Bunken. Während des Tanzes legte er seine Hände auf ihren Po.

Zu Weihnachten bekam ich endlich meine erste Wrangler-Jeans sowie das rote und das weiße Album der Beatles. Die Krönung aber war: Von Tante Christa bekam ich wie gewünscht die Doppel-LP »The Song Remains The Same« von Led Zeppelin geschenkt. Die Musik war nervös und unruhig, schrill und hektisch und kaum zu begreifen. Das Schlagzeug donnerte, der

Loks, wie auch Onkel Catcher sie fuhr

Sänger schrie und kreischte und schluchzte, die Mehrheit der Lieder hatte keinen Refrain. Ich verstand diese Art Musik nicht und fand sie wundervoll. Das war nun wirklich etwas anderes als diese Mitsingliedchen der Bay City Rollers, die Guido Niebecker hörte. Diese Musik, das spürte ich, hatte etwas mit Sünde zu tun, definitiv ein Erwachsenending! Ich kam mir großartig vor. Unglaublich, aber Jimmy Page, der Gitarrist, spielte auf einem der Fotos eine Gitarre mit doppeltem Hals!

1977

IN THE CLEARING STANDS A BOXER

Im Ersten lief der *Tatort*. Christian Quadflieg, ein Lehrer, der mit Judy Winter verheiratet war, hatte ein Verhältnis mit seiner Schülerin Nastassja Kinski. In einer kurzen Szene konnte man ganz kurz ihre nackten, kleinen Brüste sehen.

»Immer dieser Schweinkram!«, sagte Mama. »Dass die sich immer alle nackend machen müssen. Überall geht es immer nur um Sex, Sex, Sex!«, und sie sprach das Wort Sex so aus wie die Zahl 6. Allerdings hatte sie recht: Nackte Busen waren im Fernsehen sehr häufig zu sehen, zum Beispiel der von Ingrid Steeger in der Sendung *Klimbim*. Viel nackte Haut gab es auch immer in französischen Spielfilmen und in der Show von Benny Hill zu sehen. – Aufregende Momente, die mich abwechselnd in Verwirrung und Verzweiflung stürzten, genauso wie der Anblick von Frau Bohmann, unserer neuen Englischlehrerin, deren Blusen immer so weit aufgeknöpft waren, dass wir Schüler ihren Brustansatz sahen.

Im Unterricht ließ sie uns englische Liedtexte ins Deutsche übersetzen, »Father and Son« von Cat Stevens und »The Boxer« von Simon & Garfunkel. Als Volker Kind vorschlug, auch einmal »Whole Lotta Love« von Led Zeppelin zu übersetzen, reagierte sie sehr aufgebracht und trug ihm einen Tadel ein. Erst sehr viel später begriff ich, warum.

***

Mallinckrodtstraße, Ecke Schützenstraße

Der Bruder von Michael Springer lag immer nur in seinem abgedunkelten Zimmer, in dem es seltsam roch und wo in der Lampenfassung eine rote Glühbirne steckte. Er war bereits siebzehn und hörte Musik von Gruppen, bei denen man schon an den Plattenhüllen sah, dass kein normaler Mensch so etwas hörte. Die Namen dieser Bands lauteten Nektar, Gentle Giant oder Rufus. War Michaels Bruder nicht da, schlichen wir uns manchmal in sein Zimmer und rauchten seine kleinen selbstgedrehten Zigaretten, die er in einer kleinen Kiste unterm Bett versteckte. Von diesen Zigaretten wurde uns immer ganz komisch. Wir grinsten dumm herum, es ließ sich nicht abstellen, und kicherten ununterbrochen, weil plötzlich alles irgendwie sehr witzig war. Auch die Platten von Michaels Bruder hörten sich dann besser an.

Mit den Naturfreunden fuhren Michael Schulz, Guido Niebecker und ich in ein Naturfreundehaus in einem Bochumer Vorort. Es lag direkt an einem kleinen Wald und verfügte über einen großen Saal, in dem abends Spieleabende stattfanden oder Filme gezeigt wurden: *Nordsee ist Mordsee* oder *Die Legende von Paul und Paula*. Das war ein Film aus der DDR, in dem es eine lange Sexszene gab. Jungen und Mädchen – alle waren wir peinlich berührt.

Tagsüber stromerten wir durch den Wald und rauchten. Ich hatte noch Zigaretten von Michael Springers Bruder dabei, und Harry, unser Betreuer mit der unglaublich schief im Gesicht stehenden Nase, gab mir für jede, die ich noch übrig hatte, zwei Mark.

Harry hörte die seltsamste Musik überhaupt, Musik von Chick Corea, Frank Zappa, Ougenweide und Floh de Cologne. Letztere hatten einen Song, der »Bravo-Schicksalsstory« hieß. In dem gab es die Zeile »... und wie man seinem Mann verheimlicht, dass man seine Tage hat«. Harry sagte mir, dass die Band in zwei Wochen in Lünen-Brambauer auftreten werde, und lud mich ein, ihn zu begleiten. Den Eintritt zahle er, ich müsse ihm bloß noch mal welche von den selbst gedrehten Zigaretten mitbringen.

Das Konzert von Floh de Cologne wurde von der DKP organisiert – das waren Kommunisten, die Deutschland abschaffen wollten. Alle sollten dasselbe besitzen, niemand mehr reich oder arm sein. Es sollte keine Kriege mehr geben und auch keine Diktatoren. Das war mal eine richtig kluge Idee. Warum waren die Menschen nicht schon viel früher darauf gekommen?

Als wir den Kinosaal, in dem die Veranstaltung stattfand, betraten, merkte ich auf. Noch nie hatte ich so viele Männer mit so langen Bärten und Haaren auf einmal gesehen! Auch ein Sänger namens Hannes Wader trat an diesem Abend auf und sang ein sehr, sehr langes Lied, das »Der Tankerkönig« hieß und ziemlich komisch war. Wenn ich groß wäre, würde ich auch Kommunist! Die hatten wirklich gute Musik.

In den folgenden Wochen nahm mich Harry zu vielen weiteren Konzerten mit, die in Dortmund, Lünen, Witten, Hagen, Bochum, Gelsenkirchen oder Schwerte stattfanden, zu Konzerten von Lokomotive Kreuzberg, Grobschnitt, Epidaurus oder Embryo. Am aufregendsten aber war das UZ-Pressefestival im Duisburger Wedau-Stadion, wo eine Gruppe namens Das Dritte Ohr auftrat. Blues nenne sich ihre Musik, erklärte mir Harry.

Ich war wie elektrifiziert, und als ich Harry in seiner WG am Nordmarkt besuchte, spielte er mir Songs von Howlin' Wolf, Otis Spann und John Lee Hooker vor, die noch viel, viel großartiger waren als alles, was zum Beispiel Lena Valeitis in der *ZDF-Hitparade* sang. Allerdings sah Lena Valeitis deutlich besser aus, und spät abends im Bett malte ich mir manchmal aus, dass sie es war, die mich wie in dem Peter-Maffay-Lied »Und es war Sommer« bei der Hand nahm, um aus dem Kind, welches ich war, behutsam einen Mann zu machen.

Manchmal stellte ich mir jedoch auch vor, dass nicht Frau Valeitis es war, sondern eine andere Frau, Frau Bohmann zum Beispiel. Oder Wencke Myhre oder Agnetha von Abba. Obwohl – sprach die überhaupt Deutsch? Würden sie und ich uns verständigen können? Wahrscheinlich nicht.

Im Physikunterricht bei Herrn Stange legte ich eine Liste mit den Namen der Frauen an, die ich aufregend fand. Neben den bereits genannten waren es: Christine Kaufmann (Platz 5), Marie Laforet (Platz 11), Angie Dickinson (Platz 31), Vera Tschechova (Platz 212), Carolin Reiber (Platz 401) ... Am Ende der siebten Stunde, bei Platz 643 (Su Kramer), war ich völlig erschöpft. Es schien eine riesige Menge aufregender Frauen zu geben. Meine Hand tat weh und war kaum noch zu gebrauchen.

Noch etwas geschah in diesem Jahr. Über New York und London war eine völlig neue Musik nun auch nach Deutschland gekommen. Ab und an tauchten die dazugehörigen Künstler plötzlich in Sendungen wie *Disco*, *Plattenküche* oder *Musikladen* auf, und in der Zeitschrift *Bravo* gab es ein Poster der Sex Pistols, die sich in einem Song über die englische Königin lustig gemacht hatten. Auf die Frage nach ihrem Lieblingsessen gaben die Musiker Kaugummi an. Punk nannte sich ihre Musik, und die Fans steckten sich Sicherheitsnadeln in die Wangen, trugen Irokesenfrisuren und zerrissene Kleidung. Sie sahen aus, als würden sie in Mülltonnen leben. Die Musik selbst klang roh und fremdartig und unglaublich kaputt. Michael Happich, mein Freund aus Grundschultagen, war der Erste, der mich mit ihr in Berührung brachte.

Als ich ihn in der Straßenbahn traf, trug er eine Platte der Adverts unter dem Arm. Deren Musiker sahen wirklich grauenhaft aus.

In der *Diskothek* auf WDR 2 tauchte diese Musik allerdings noch nicht auf; dort wurden weiterhin Bands wie Fleetwood Mac, Uriah Heep, ELO oder Supertramp gespielt. Der Vorspann dieser Radiosendung wurde von irgendwelchen unbekannten Musikern gesungen, und der Text lautete so:

Fünf nach sieben. Radiothek!

Das zweite Programm präsentiert,
was den Popfan interessiert.
Musik für den Sofortverzehr …
Diskothek im WDR.
Die neuesten Hits aus aller Welt,
aufgelegt und vorgestellt
von Mal Sondock.
Mal, was hast du heute dabei?

Dann stieg Mal Sondock mit der Moderation ein und stellte neue Platten vor, die man per Postkartenabstimmung in die nächste Sendung wählen konnte. Ich stimmte für Led Zeppelin, auch wenn sie gar nicht gespielt worden waren. Als guter Fan war ich ihnen das schließlich schuldig. Einmal stimmte ich aber auch für Kate Bush. In die nämlich war ich auch ein wenig verliebt.

***

Im evangelischen Gemeindehaus machte eine Teestube auf, die von den Jugendlichen, die sie besuchten, selbst betrieben wurde. Kerzenlicht beleuchtete den Raum, und aus dem Kassettenrekorder krochen schauerliche Lieder von Gordon Lightfoot oder Cat Stevens hervor. Dafür waren Mädchen da, und das gab eindeutig den Ausschlag, dort ebenfalls jeden Dienstagnachmittag aufzutauchen und literweise zu dünnen Tee zu trinken, der nach Seife, ätherischen Ölen und Räucherkerzen schmeckte. Statt mit richtigem Zucker wurde er mit Kandis gesüßt. So ein Betrug! Als ich versuchte, eine Led-Zeppelin-Kassette in den Rekorder zu schmuggeln, wurde ich sanft, aber resolut zur Ordnung gerufen. Wahrscheinlich war ihre Musik zu sündig und darum nur bei den Katholiken erlaubt.

Manchmal ging ich nach dem Schulschwimmunterricht im Nordbad mit vom vielen Chlor geröteten Augen zur Münsterstraße hinüber, um im *Nordgrill*, wo Tante Anna arbeitete, eine Currywurst-Pommes und ein paar Zigaretten abzustauben. Manchmal nahm ich auch Guido Niebecker mit, und Tante Anna spendierte auch ihm Currywurst-Pommes. Die ihm angebotenen Reval ohne aber lehnte er ab.

Tante Anna war die Mutter meiner Cousinen Danny und Trixi und als Verbrecherjägerin berühmt. Dreimal hatten Unvorsichtige versucht, den *Nordgrill* zu überfallen und die Tageseinnahmen zu stehlen, und dreimal hatte Tante Anna die Männer mit einem langen Hähnchengrillspieß verprügelt und der Polizei übergeben. Auch der Kerl, der vor der Schule meiner Cousinen Drogen verkaufte, musste nach einer langen Verfolgungsjagd durch die Nordstadt kapitulieren und verbrachte die folgenden Tage in der Klinik, wo er unglücklicherweise auch noch Besuch von Onkel Catcher erhielt.

In einer kurzen, rein physikalisch geführten Unterredung legte Onkel Catcher dem Drogendealer noch einmal seine persönliche Abneigung gegen diese Art des Gelderwerbs dar. Die vor der Tür Wache stehenden Polizisten hatten Onkel Catchers Erscheinen in der Klinik dazu genutzt, sich in der Klinikkantine schnell mal einen Kaffee zu besorgen. Als sie zurückkamen, wurde der Mann, den sie bewachen sollten, auf die Intensiv verlegt. Fluchtgefahr bestand nun keine mehr, und sie wurden abgezogen.

Der Dealer wurde nach seiner Entlassung aus dem Krankenhaus später zu zwei Jahren auf Bewährung verurteilt – seine Krankenodyssee war damit aber noch lange nicht beendet. Als er zufälligerweise ausgerechnet in der *Kleinen Postkutsche* erschien, traf er erneut auf Onkel Catcher, der daraufhin die Tür von innen verriegelte und seinen Bruder Manni bat, schon mal den Notarzt zu rufen, der neu eingetretene Gast brauche ihn gleich, es sei nämlich der Drecksack, der versucht habe, Schulkindern Drogen zu verkaufen. Das hörten weder Onkel Manni noch die anderen Gäste gern, unter ihnen auch Gallow. Genau dieser war es dann auch, der den Drogendealer nach dessen Genesung beim Hafenfest wiedererkannte und seinen Freunden Bomber und Schallek von der Geschichte erzählte. Bomber und Schallek waren nicht minder empört, wieder wurde der Drogendealer einem Notarzt übergeben. Dass Schallek den Dealer im Spanienurlaub an der Costa del Sol abermals traf, war sicherlich Pech für den Mann.

***

Papa, Onkel Manni, Manna Nüst, Onkel Heinzi und Gallow fuhren mit dem Zug nach Bochum, um sich das Spiel des VfL gegen den BVB anzusehen. Auch mein Cousin Andreas und ich waren dabei. Manna sagte: »Hör mal, Gallow, fünfzig Flocken, wenne nackt bis zur Zugspitze läufst und wieder zurück.«

»Fünfzig Mark?«

»Bar auf die Kralle«, bestätigte Manna.

Gallow begann, sich zu entkleiden, und legte seine Sachen auf den Sitz. Zu guter Letzt zog er seine Unterhose aus, drückte sie Manna in die Hand und stiefelte entschlossen los.

»Mach schon mal die Patte auf, du bis' nämlich gleich fünfzig Mäuse ärmer.«

Kaum war Gallow nicht mehr zu sehen, schob Manna das Abteilfenster nach unten und warf Gallows Kleider hinaus.

»Manna, bisse bescheuert? Das kannste nicht machen«, sagte Onkel Heinzi. »Gallow rastet doch aus!«

Doch Gallow kehrte nicht wieder, und Manna machte sich auf die Suche nach ihm. Wie sich später herausstellte, hatte Gallow bereits zwei Wagen weiter eine wild geschminkte Frau aus Unna kennengelernt. Von einem BVB-Fan lieh er sich die Fahne aus, band sie sich um die Hüften und verließ mit der Dame in Bochum-Werne den Zug.

Mit dem Taxi fuhren sie nach Unna in die Wohnung der besagten Dame, zwei Jahre später heirateten sie. Manna Nüst durfte Trauzeuge sein. Zur Trauung auf dem Standesamt erschien er nur mit einer BVB-Fahne um die Hüften herum.

»Wer is'n der Spinner?«, fragte Verena, die zukünftige Frau Gallow. »Gehört der zu dir?«

Gefeiert wurde auf der Schützenstraße in der Gaststätte *Vater und Sohn*, und gerade, als man nach dem Essen träge zu werden begann und das Fest etwas ins Stocken geriet, ging plötzlich die Tür auf, und es gab ein großes Hallo, weil ein alter Bekannter erschien.

»Sach ma, kenn ich dich nicht?«, sagte Gallow. »Du bis' doch der Kerl, der vorde Schule vonne Tochter vonnem Manni seine Schwester Drogen an die Blagen vertickt!«

Gerüchten zufolge wanderte der Angesprochene, kurz nachdem er aus dem Krankenhaus entlassen worden war, nach Südamerika aus. Es heißt, er hätte dort für die Kinder in den Favelas eine kostenlose Suppenküche gegründet. Der Engel ohne Zähne werde er genannt. (Angeblich wurde er 2006 vom Papst selig gesprochen.)

***

Mama hatte mir erlaubt, zu meinem Geburtstag eine Fete zu machen. Schon Wochen zuvor lud ich Freunde und Mitschüler ein (Michael Springer, Uwe Hammacher, Guido Niebecker, Michael Schulz, Gaby Batt, Silke Zölzer, Anja Franke und einige andere) und sortierte meine Platten in der Reihenfolge, in der ich sie abspielen wollte. Als der Tag schließlich da war, schmierte ich Brötchen, und Mama machte Kartoffelsalat.

Um 18 Uhr, so war es ausgemacht, sollten meine Gäste kommen, aber auch um 19.15 Uhr war ich noch immer allein. Meine anfangs gute Laune wandelte sich. Mama kam in mein Zimmer, um eine HB mit mir zu rauchen und mich zu trösten. Es sei ja noch früh ...

Aber auch um 20 Uhr war noch niemand gekommen. Damit war es amtlich für mich: Ich hatte gar keine Freunde! Sie duldeten mich nur, insgeheim aber war ich ihnen völlig egal. Um 20.10 Uhr kam Mama und brachte mir ein Glas Wein. Den Tränen nah trank ich es leer. Da plötzlich klingelte es. Es war Michael Springer, sichtlich verwundert, der erste und einzige meiner Gäste zu sein.

Eine halbe Stunde lang saßen wir schweigsam auf meinem Sofa und hörten uns meine neue LP von Manfred Mann's Earth Band an, aber obwohl Mama auch Michael Springer das Rauchen erlaubt hatte, wollte keine rechte Stimmung aufkommen. Bis Mama mit der Flasche Whisky erschien.

»Aber in Maßen – habt ihr gehört?«

Gegen zehn beschlossen Michael und ich, im Wald hinterm Haus spazieren zu gehen. Die Whiskyflasche nahmen wir mit. Laut Udo-Lindenberg-Songs singend torkelten wir Arm in Arm dem Waldrand entgegen. Unsere einhellige Meinung: Das Leben war schön. Mit der einen kleinen Einschränkung vielleicht, dass es im Wald keine Laternen gab. Es war absolut finster. Immer wieder knallten wir mit Schmackes gegen die Bäume und lachten.

»Fühl mal!«, sagte Michael. »Ich hab schon drei große Beulen auf meiner Stirn.«

Ohne Orientierung taumelten wir durch den nächtlichen Wald und leerten die Flasche. Schließlich fielen wir entkräftet in den Farn, erzählten uns lallend alberne Witze und lobten die Klugheit und den Charakter meiner Mutter. Als wir plötzlich eine laute Stimme hörten.

»Verdammtes Schrankbett!«, fluchte die Stimme. Dann rief sie wütend meinen Namen.

»Hömma«, lallte ich. »Das 's mein Vatter. Wenn wa Glück haben, hatta 'ne neue Flasche Whisky dabei.«

Hatte mein Vater nicht, sondern vielmehr Herrn Springer im Schlepptau, der angesichts des Zustands, in dem sich sein Nachwuchs befand, nur mäßige Begeisterung zeigte.

»Das ist alles nur Ihre Frau ihre Schuld!«, sagte er. »Wie dumm muss man eigentlich sein, Vierzehnjährigen 'ne Flasche Whisky zu geben ...«

»Nennen Sie meine Frau nicht dumm. Sie wollte den Jungens bloß was Gutes tun!«

»Ach, Sie können mich mal. Wer gibt Vierzehnjährigen denn Whisky? So jemand hat für mich nicht alle Tassen im Schrank ...«

In meinem Zimmer, 1976

Weiter kam Herr Springer nicht. Die Faust meines Vaters hatte ihn getroffen. Wir hörten, wie Herr Springer auf den Waldboden fiel. Wild fluchend lud ihn sich mein Vater auf die Schulter und trieb uns vor sich her. Gar keine Frage: Geburtstagsfeten waren klasse. Ich konnte es gar nicht erwarten, im nächsten Jahr wieder zu feiern.

In der Schule zeigte ich nach wie vor in allen Fächern ausgeglichene Leistungen, das heißt, ich stand überall vier, außer in Sport. Alles wäre gut und harmonisch gewesen, hätte mir nicht Martin Woyschewski das Leben zur Hölle gemacht. Er warf mein Etui aus dem Fenster und meine Hausaufgaben ins Klo. Er nahm mir mein Taschengeld ab und zertrat meine Brote. Als er jedoch eines Tages meine Schultasche unter den Hahn des Waschbeckens hielt, war es genug. Ich ging zu ihm und schlug ihm mit aller Kraft, die ich aufbringen konnte, meine Faust ins Gesicht. Woyschewski stolperte, ging zu Boden, und ich setzte nach. Alle sahen es: Woyschewski, der Klassenrowdy, bekam von einem Mitglied der Aussätzigenkaste eine Tracht Prügel verpasst.

Ehe er zurückschlagen konnte, betrat Frau Pape die Klasse.

»Dich mach ich fertig!«, zischte Woyschewski mir zu.

Nach der Schule fing er mich ab, um sein Versprechen einzulösen. Aber es gab ein Problem für Woyschewski: Niemand sah zu, als er seine Rache an mir vollzog. Ich blieb der, der Woyschewski, den Schläger, in die Knie gezwungen hatte. Am nächsten Schultag nahm ich Woyschewskis Schultasche, warf sie in die Ecke und setzte mich auf seinen Platz. Er versuchte aufzubegehren, aber Ulrich Kuffel, der bereits seine zweite Ehrenrunde drehte und der Größte in der Klasse war, wies ihn in die Schranken:

»Den Kowalski lässt du in Ruhe!«

Von nun an war mein Leben ein anderes. Ich war ein Ex-Loser, der plötzlich in der ersten Liga mitmischen durfte, und es dauerte gar nicht lange, bis mir Woyschewski verzieh und in der Schulhoftoilette zeigte, wie man Zigaretten dreht.

Von da an hing ich meistens mit ihm, Rüdiger Leifeld und Ulrich Kuffel herum, der weiterhin seine schützende Hand über mich hielt. Die Zeiten, in denen man mich in den Müllcontainer warf und den Deckel mit einem Holzstück verkeilte, damit ich ihn von innen selbst nicht aufbekam, waren vorbei.

Ulrich Kuffel war zu diesem Zeitpunkt bereits sechzehn und hatte eine Tätowierung auf dem linken Arm, ein schattiertes Kreuz, das er sich selbst gestochen hatte. Morgens schlief er im Unterricht bisweilen ein, weil er nachts in einem Laden nahe der Brückstraße Platten auflegte.

Kuffel war DJ, was ihn in unseren Augen zu einer Art Halbgott werden ließ. Ich machte für ihn die Hausaufgaben mit, und er revanchierte sich, indem er mich eines Abends mit in den *Tom Tom Club* nahm. Das war eine völlig andere Welt als auf den Konzerten von Guru Guru oder Embryo! Einer der Kellner war ganz in Rosa gekleidet und wurde Erdbeer-Didi genannt, und die Frauen balancierten auf irre hohen Schuhen herum, trugen goldene oder silberne Handtaschen und Discofrisuren. Es gab Farbige, von denen einer einen roten Seidenanzug trug. Er hielt einen weißen Pudel im Arm, den er dann und wann auf der Theke absetzte, um ihn aus einer Schale Champagner trinken zu lassen. Mit Abenden in der *Kleinen Postkutsche* hatte das alles gar nichts gemein.

Eigentlich sollten Kuffel und ich gemeinsam ein Referat für den Englischunterricht vorbereiten, und ich hatte meinen Eltern gesagt, ich würde bei ihm übernachten. Aber als er mich nach der Schule mit zu sich nach Hause nahm, hörten wir zunächst nur Musik, und er suchte Platten für seine Abendschicht raus.

Im *Tom Tom Club* führte er mich hinter das DJ-Pult und erklärte mir, wie man die Plattenspieler und die Lichtanlage bediente. Ich war mir sicher: Genau so war es in Berlin und New York, und es hätte mich nicht gewundert, wäre plötzlich die Tür aufgegangen und David Bowie persönlich erschienen.

Eine Kellnerin kam, um Kuffel zu begrüßen. Sie trug Glitzer-Make-up und eine durchsichtige schwarze Bluse, unter der man ihre nackten Brüste sehen konnte. Mit einem Blick auf mich sagte sie zu Kuffel: »Der ist ja süß! Dein kleiner Bruder?«, und ich ärgerte mich. Ich war nicht süß. Ich war ... na ja, irgendetwas anderes halt, aber nicht süß, sondern immerhin vierzehn. Dann aber küsste sie mich kurz auf den Mund, lachte und fragte: »Was möchtest du trinken, mein Herz?«, und ich beschloss, ihr zu verzeihen.

Aus den Lautsprecherboxen drangen fremdartige, elektronische Klänge, und eine Frauenstimme sang dazu mantra-artig: »Uuuh, I feel love ... I feel love ... I feel love ... I feeeeeeee-eeel love ...« Ich schaute mir derweil die hinter dem DJ-Pult stehenden Plattenregale an und fand lauter Zeug, von dem ich noch nie was gehört hatte. Doobie Brothers? Steely Dan? Wer sollte das denn bitte schön sein?

Kuffel erlaubte mir, »Dancing Days« von Led Zeppelin aufzulegen. Vor lauter Aufregung und Nervosität zitterten mir die

Hände. Mein Gott, war das wirklich wahr? Ich, ehemaliger Pissrinnenlieger und Müllcontainerbewohner, stand hier im *Tom Tom Club* und legte abends um elf einen Song von Led Zeppelin auf? Wahrscheinlich war ich gestorben, ohne es zu bemerken, und durch ein Versehen in den Himmel gelangt! Und es wurde noch besser, denn die Bedienung mit der durchsichtigen Bluse brachte mir ein Glas mit Pernod-Cola, und als sie bemerkte, dass ich ihr wieder auf den Busen stierte, sagte sie lächelnd: »Sehen gut aus, nicht? Wenn du willst, leg ruhig mal deine Hände drauf!«

Sie hieß Carmen und war mindestens zwanzig – eine richtige Frau! Welche weiteren Wunder sollte mir das Leben jetzt noch bieten?

»He, was ist mit *meinen* Brüsten? Die gefallen dir nicht?«, rief eine sehr, sehr große Frau von der Theke herüber, stand auf und kam tänzelnd auf mich zu. Sie beugte sich mir entgegen, nahm meine Hand und drückte sie auf ihre rechte Brust.

»Na, mein Süßer, wie fühlt sich das an?«, fragte sie mich.

Gut! Es fühlte sich gut an! Doch alle, die es mitbekommen hatten, begannen zu lachen, auch Kuffel.

»Was ist?«, fragte ich. »Wieso lacht ihr jetzt alle?«

»Das ist Timo«, antwortete Kuffel, »ein Transvestit.«

»Ein was?«

»Ein Transvestit. Ein Mann, der Frauensachen trägt.«

Und Timo beugte sich vor und hauchte: »Gefallen dir meine Brüste jetzt etwa nicht mehr?«

Ich war überfordert, verlegen, völlig aus der Fassung gebracht, wieder begannen sie alle zu lachen.

»Hey, alles in Ordnung, Timo tut dir nichts. War nur 'n Spaß!«, sagte Kuffel.

Hätte ich doch nur den Mut aufgebracht, Carmens Brüste anzufassen, als noch die Möglichkeit dazu bestand. Jetzt war es leider zu spät. Dafür kam sie und brachte mir ein weiteres Glas Pernod-Cola, diesmal ein großes. »Auf ex! Auf ex!«, schrien

Timo, Erdbeer-Didi, der Schwarze mit dem Pudel und die anderen von der Bar.

»Mach langsam«, ermahnte mich Kuffel. »Pernod-Cola haut ziemlich stark rein.«

Aber was wusste er schon? Ich war vierzehn! So ein bisschen Pernod-Cola machte mir gar nichts.

Ich erwachte am nächsten Morgen mit einem toten Hamster im Mund, zumindest fühlte sich der Geschmack auf meiner Zunge so an. Als ich die Augen aufschlug, blickte ich in ein Zimmer, das ich nicht kannte. Mein Kopf fühlte sich an, als probierten Mitarbeiter der Firma Black & Decker ihre neuesten Bohrmaschinen direkt an meiner Schädeldecke aus.

»Na, endlich wach?«, fragte eine weibliche Stimme.

Ich richtete mich auf und erkannte Carmen. Sie trug nur einen roten Slip und die transparente Bluse von gestern. Dann schob sich eine männliche Gestalt neben sie, und eine Stimme sagte: »Fängst ja früh das Saufen an. Wenn das dein Vatter mitkriegt, möchte ich nicht du sein, mein Junge!«

Es war Manna, und ich erfuhr, dass er und Carmen ein Paar waren. Er war es gewesen, der mich völlig betrunken in einer Ecke des *Tom Tom Clubs* fand, auf die Schulter gehievt und in sein Bett gelegt hatte. Nun lachte er, reichte mir eine Kopfschmerztablette, jagte mich unter die Dusche und gab mir Geld für ein Taxi. Kuffel hielt das Referat an diesem Tag allein. Wie immer er das auch gemacht hat, er bekam eine Zwei, ich eine Sechs, weil ich unentschuldigt fehlte.

***

In den Nachrichten wurde von der Entführung des Arbeitgeberpräsidenten Hanns Martin Schleyer berichtet. Mitglieder der Roten Armee Fraktion hatten seinen Chauffeur erschossen und Schleyer gekidnappt. Überall in der Stadt führten Polizisten Fahrzeugkontrollen durch. Dabei hielten sie Maschinenpistolen in ihren Händen.

Ich fragte Harry mit der schief stehenden Nase, und er erklärte mir, dass die RAF im Grunde dasselbe wolle wie die DKP, aber die falschen Mittel zur Erreichung ihres Zieles einsetzte. Nur wenn man das Volk auf seiner Seite habe, könne der Umsturz gelingen und der Unrechtsstaat BRD abgeschafft werden. Aber das Thema schien ihn sonst nicht groß zu interessieren. Er war nun mit einem Mädchen namens Inka zusammen, das ihn voll in Beschlag nahm. Er ging nur noch selten mit mir auf Konzerte; nicht mal, als Ton Steine Scherben in Dortmund auftraten, wollte er mit.

Im *Musikladen* erschien ein gewisser Plastic Bertrand und sang ein Punklied in französischer Sprache, »Ça plane pour moi«. Richtige Punkmusik war das aber nicht, sondern eher eine Parodie. Auch Dieter Hallervorden trat in einem seiner Sketche als Punk verkleidet auf, und zwar völlig übertrieben. In Wirklichkeit sahen die ganz anders aus, nämlich ohne Irokesenfrisur, so wie die Jungs von The Clash. Deren Song »Garageland« hatte ich im Partykeller auf der Fete von Kirsten Reddehase gehört. Immer noch nicht meine Lieblingsmusik, aber gar nicht mal schlecht.

Anfang Dezember kaufte ich von meinem Taschengeld einen Adventskranz und platzierte ihn vorn in der Klasse auf dem Lehrertisch. Herr Runde, unser Klassenlehrer, kam, setzte sich und starrte ihn an. Dann fegte er ihn mit seiner Rechten herunter, sodass er in die Ecke flog.

»Wer war das?«, bellte er. Zaghaft hob ich meine Hand.

»Das war nett von dir gemeint«, grollte er. »Aber so was haben diese Kretins nicht verdient«, womit er die anderen meinte.

Die Wahrheit war: Der Kretin war zweifellos er. Was für ein

erbärmlicher Arsch! Leider war er nicht der einzige an unserer Schule. Herr Kneißel, schwammig, schwitzend und häufig betrunken, war mindestens ebenso sadistisch wie er und hackte mit Vorliebe auf Dirk Neuhäuser und Jörg Sommerfeld herum, den er bevorzugt »dicke Sumpfkuh« nannte.

»Sumpfkuh, zeig mal deine Hausaufgaben!«

Jörg ging nach vorn und reichte sie Herrn Kneißel. Der nahm sie und warf sie aus dem Fenster.

»Sumpfkuh, ich hab gesagt, du sollst mir deine Hausaufgaben zeigen!«

Jörg begann zu zittern.

»Sie haben sie gerade aus dem Fenster geworfen.«

Herr Kneißel öffnete sein rotes Buch.

»Sommerfeld ohne Hausaufgaben – sechs!«

»Aber das können Sie nicht machen!«, protestierte Jörg.

Herr Kneißel öffnete das Klassenbuch und zückte seinen Füller.

»Sommerfeld stört massiv den Unterricht. Rüge!«

Das Problem war, dass Sommerfeld von Herrn Runde, wenn dieser den Eintrag im Klassenbuch entdeckte, ein zweites Mal fertiggemacht werden würde.

Auch der Mathe- und Chemieunterricht bei Herrn Marx war nicht leicht. Er war ein Duzfreund von Herrn Runde – ein genauso harter Knochen wie er, der uns nicht das Geringste durchgehen ließ und es genoss, seine Schüler vorne an der Tafel leiden zu sehen.

Manchmal aber suchten ihn traumatische Kriegserinnerungen heim, er fing an zu schluchzen und erzählte uns von schrecklichen Erlebnissen auf dem Kriegsschiff »Prinz Eugen«. Anschließend schämte er sich seiner Tränen, und um die Peinlichkeit, die er empfand, zu kompensieren, wurde er plötzlich albern, hampelte herum und führte groteske Tanzschritte vor.

Das war noch viel, viel schlimmer. Es machte einen fertig, denn plötzlich hatte man Mitleid mit ihm.

Im US-Verkauf erstand ich eine gebrauchte grüne Armeetasche. Zu Hause malte ich mit schwarzem Filzstift den *Led-Zeppelin*-Schriftzug darauf. Als Papa es sah, begann er zu schimpfen, dabei waren die Umhängetaschen doch genau dazu da: sie mit den Namen der eigenen Lieblingsbands zu versehen.

Zu Weihnachten bekam ich einen schwarzen Lodenmantel, eine Kompaktanlage und von Tante Christa die LP Led Zeppelin IV, auf der sich ihr allerbester Song, »Stairway to Heaven«, befand.

Am zweiten Weihnachtstag versammelte sich die ganze Familie bei Omma Zarth. Es war das erste Weihnachtsfest, an dem auch Tante Kristina teilnehmen konnte. Nach vielen Scherereien, Bestechungen, mutwillig in den Weg gelegten Hindernissen und anderen Komplikationen hatte sie endlich eine Ausreisegenehmigung erhalten und war im Herbst nach Deutschland gekommen.

In der Küche erzählte mir Onkel Bernhard einen Witz: »Stehen zwei Doofe am Abgrund. Fragt der eine: ›Soll ich dich mal runterstoßen?‹ Sagt der andere: ›Nee!‹«

Ich kriegte mich vor Lachen kaum ein.

»Verdammtes Schrankbett!«, sagte mein Vater. »Kein Wunder, dass der Junge nicht mehr alle Datteln an der Palme hat.«

Dann wurde der Tisch frei gemacht, um Karten zu spielen. Ich verlor fast alles Geld, das ich zum Fest geschenkt bekommen hatte. Ich hatte wirklich nicht mehr alle Datteln am Stamm.

1978

GA BU ZO MEU

1978 war ein ganz besonderes Jahr, denn ich bekam meinen allerersten Kuss. Mit Zunge! Und Speichel! Und zwar von Gabriele Batt. Was sollte mir das Leben nun noch bieten können? Hatte ich nun nicht wirklich alle Wunder, mit denen es aufwarten konnte, erlebt?

Noch aber war es nicht so weit, das Jahr hatte gerade erst begonnen und rückte zunächst eine ganz andere Frau in mein Bewusstsein: Debbie Harry. Im Februar tauchte sie mit ihrer Band Blondie erstmals im Fernsehen auf, mit einer Coverversion des Songs »Denise« von Randy & The Rainbows, und sie machte uns alle nervös: Rüdiger Leifeld, Martin Woyschewski, mich und Ulrich Kuffel und selbst neunzigjährige Greise, Blinde und Frauen. Aber nicht etwa schmutzige Gedanken flammten auf, wenn man sie im Fernsehen oder in den Zeitschriften sah – nein, man wollte sie verehren, anbeten und sich opfern für sie.

***

Im Dritten startete eine dreizehnteilige Historienreihe mit dem Titel *Ich, Claudius, Kaiser und Gott*. Alles war komplett im Studio gedreht und wirkte wie eine Theateraufführung. Es gab auch keine Kämpfe mit Feinden der Römer. Trotzdem verpasste Mama nicht einen einzigen Teil.

Neu waren auch die Nachrichtensendungen in der ARD und

im ZDF, die jetzt *Tagesthemen* und *heute journal* hießen. Die gute, alte *Tagesschau* gab es aber immer noch.

Überhaupt startete eine ganze Reihe neuer Serien, etwa *SOKO 5113* und *Starsky & Hutch*, und im WDR lief ab Februar anstelle von *Klimbim* nun die Sendung *Zwei himmlische Töchter* mit Ingrid Steeger und Iris Berben als ehemalige Go-go-Girls Kiki und Chantal, die von einem Gast der *Bum Bum Bar* eine Fluggesellschaft geerbt hatten, die Donnerflug-Gesellschaft, die jedoch nur aus einer einzigen Maschine, einer alten JU 52, bestand.

Sehr komisch waren die Folgen »Ein Sarg nach Leech«, in der auf einem einsamen schottischen Schloss der mysteriöse »Pfeifer« sein Unwesen trieb, und »Ein Cowboy nach Pamplona« mit Gaststar Eddie Constantine, der einen abgehalfterten Westerndarsteller spielte. – »Was darf's denn sein, Fremder?«

Für das meiste Aufsehen sorgte jedoch die US-Serie *Roots*, die das Schicksal eines schwarzen Sklaven namens Kunta Kinte, eines Mandingo-Kriegers, und seiner Nachfahren thematisierte. Im März startete die dreizehnteilige Serie *Ein Mann will nach oben*, und im April tauchte mit *Neues aus Uhlenbusch* eine weitere Kinderserie auf. Ganz schön viel, was man jetzt alles gucken musste, wenn man in der Schule mitreden wollte. Das Seltsamste, was im Fernsehen lief, war allerdings ein Vierteiler mit dem Titel *Britta*. Sie handelte von der neunzehnjährigen Bundesbahnassistentin Britta (Verena Plangger), die es in einen kleinen Garnisonsort an der norddeutschen Küste verschlägt. Nach anfänglichem Widerstand lässt sie sich schließlich von dem angeberischen Motorradfahrer, DJ und Bundeswehrsoldaten Boris bezirzen und bekommt ein Kind von ihm. Sein Angebot, sie zu heiraten, obwohl er sie nicht liebt, schlägt sie jedoch aus und beschließt, das Kind alleine großzuziehen. Gute Entscheidung, denn dieser Boris, dargestellt von Hinnerk Jensen, war wirklich ein kompletter Idiot.

Onkel Arnold, der Jugendfreund meines Vaters, hatte seine Elektrikerfirma in den vergangenen Jahren weiter vergrößert. Unter seiner Regie war gegenüber dem evangelischen Gemeindehaus in der Widumer Straße ein altes Mietshaus abgerissen worden, und zwei neue waren an seiner Stelle entstanden, denen in einem Anbau mit Hof sein Unternehmen vorgelagert war. In den Sommerferien hatte ich unter Anleitung eines Gesellen seiner Firma in diesen Neubau Steckdosen eingebaut und in den Badezimmern der einzelnen Wohnungen Warmwasserboiler installiert. Auch die schweren Steine für die Nachtspeicherheizungen hatte ich in die Wohnungen geschleppt. Mein erster Ferienjob. Für drei Wochen bekam ich vierhundert Mark, eine unglaubliche Summe.

Nun zogen wir selbst in eines der Häuser, in eine Dreizimmerwohnung im ersten Stock. Alles war brandneu und supermodern.

Der Widumer Platz mit seinem alten Dorfkern und der evangelischen Kirche war keine einhundert Meter entfernt; endlich war auch der Weg zur Straßenbahnhaltestelle nicht mehr so weit. Dafür musste ich mich an das regelmäßige Läuten der Kirchenglocken gewöhnen.

Die Rückseite des Hauses, auf der sich die Eingänge und unser Kinderzimmerfenster befanden, grenzte unmittelbar an den Garten der Kureks, die zu siebt in einem alten Fachwerkhaus wohnten: Herr und Frau Kurek, die Großmutter, Frau Kureks geistig leicht behinderte Schwester sowie die Kinder Rüdiger, Burkhard und Jörg. Es gab auch noch eine Tochter, Ulrike, die jedoch bereits verheiratet war und mit ihrem Mann in Dortmund-Eving wohnte.

Ich freundete mich schnell mit Rüdiger, dem ältesten der Kurek-Söhne, an und begleitete ihn bald täglich, wenn er mit Barry, seinem Hund, spazieren ging. Schwieriger war es, sich an Herrn

Kurek zu gewöhnen. Als ich das erste Mal anschellte, öffnete er mir die Tür und schaute mich an, als ob ich ein Alien wäre.

»Hier steht irgendso'n Penner!«, rief er nach hinten in die Küche. »Ich hoffe, der will nicht zu einem von euch!«

***

Plötzlich stand ich ganz allein mit Gabriele Batt im Maisfeld. Wo waren die anderen geblieben, Ralle, Micha, Anja und Jörg? Hatten sie sich mit einem Mal in Luft aufgelöst?

Gabriele war blond, hatte eine Disco-Frisur, Sommersprossen, einen viel zu großen Busen und war überhaupt nicht mein Typ. Es ging das Gerücht, sie hätte schon vielen zu ihren ersten Erfahrungen verholfen, und an diesem lauen Sommerabend kam nun ich in den Genuss.

Sie sagte mir, ich sei anders als die anderen, das fänd' sie interessant. Kurz lächelnd trat sie an mich heran und streckte ihren Kopf dem meinen entgegen. Unsere Lippen trafen sich. Mein erster Kuss! Mit Zunge und Speichel! Kein Zweifel: Das Leben war gut.

***

Nach den Sommerferien war ich in die zehnte Klasse gekommen. Rüdiger ging nun ebenfalls in die Zehnte, allerdings auf das Helmholtz-Gymnasium, und hatte Latein. Bald schon lernte ich auch seine Freunde kennen: Friedhelm, Klaus und Christian. Auch sie gingen aufs Gymnasium. Zu fünft liefen wir durch Brechten, harmlos und höflich und pausenlos von unseren Hormonen gequält. Was uns einte, war unsere gemeinsame Vorliebe für eine philosophische französische Zeichentrickserie, die im Dritten ausgestrahlt wurde: *Die Shadoks.*

Weil ihr eigener Planet allmählich auseinanderfiel, befanden sich die Shadoks, hässliche, vogelähnliche Kreaturen, auf der Suche nach einer neuen Heimat und landeten auf der Erde. Ihre Sprache bestand aus lediglich vier Silben, die jedoch kombiniert werden konnten: Ga, Bu, Zo und Meu.

An der Spitze der Shadok-Gesellschaft stand ihr König Shadoko I., außerdem tauchten noch ein Magier, ein Admiral mit Augenklappe und ein Professor auf: Professor Shadoko. Allen normalen Shadoks gemeinsam war, dass sie unermüdlich in die Fahrradpedalen traten, was die Off-Stimme mit »... und sie pumpten und pumpten und pumpten ...« kommentierte.

Genial aber fanden wir diese Serie wegen der absonderlichen Weisheiten, die sie uns zuteil werden ließ, Sätze wie: »Kultur ist das, was übrig bleibt, wenn man alles vergessen hat.«

Bis auf Friedhelm teilten wir jedem von uns eine Silbe des Shadok-Alphabets zu und setzten sie unter einen selbst gemalten Shadok, den wir auf einen Button klebten, den wir wiederum an unsere Jacke hefteten. Friedhelm dagegen bekam alle vier Silben und Professor Shadoko. Doch anscheinend waren wir die Einzigen, die für diese Serie schwärmten. Alle anderen schienen sich einig zu sein, dass wir nicht mehr alle Datteln an der Palme hatten.

Ganz anders war es mit der Satire-Zeitschrift *MAD*, von der jeder, den wir kannten, Dutzende Ausgaben besaß. Vor allem die meist einseitigen Comics des Zeichners Don Martin, der auch der Erfinder des Superhelden »Cäpt'n Hirni« war, kamen gut an. Maskottchen von *MAD* war Alfred E. Neumann, eine Figur, dessen Gesicht auf jeder Ausgabe prangte.

Meine schulischen Leistungen hatten sich verbessert. Wie und warum, konnte ich mir selbst nicht erklären. Inzwischen gab ich dem kleinen Bruder von Kirsten Reddehase sogar Nachhilfe in Deutsch. Das Gute daran war, dass ich meist auch Kirsten zu Gesicht bekam. Sie ging ebenfalls auf das Helmholtz-Gymnasium und gefiel mir sehr, sehr gut. Manchmal hörten Martina Oechler, Rüdiger, Kirsten und ich im Keller der Reddehases Musik. Leider stieß oft ihr blöder älterer Bruder dazu und ruinierte die Stimmung.

Er zeigte uns einen einzelnen Pfennig und fragte: »Was ist das?«

»Ein Pfennig?«, antwortete ich.

»Falsch. Die billigste Verhütungsmethode der Welt«, entgegnete er und klemmte ihn seiner Schwester zwischen die Knie. »Du musst nur aufpassen, dass er nicht runterfällt.«

Sex. Das Thema ließ uns alle erröten. Und gar keine Frage: Kirstens Bruder war ein richtiger Arsch.

***

Im Herbst fuhren Rüdiger und ich mit den Naturfreunden auf eine Wochenendfreizeit nach Greven bei Münster.

Das Naturfreundehaus lag in einem kleinen Waldstück unmittelbar an einem kleinen Fluss. In drei Gruppen wurde an Texten und Bildern für eine Moritat über einen fiktiven Jungen gebastelt, der keinen Ausbildungsplatz bekommt und ins soziale Abseits gerät.

In der Gruppe, der Rüdi und ich zugeteilt waren, gab es drei Freundinnen, die allesamt aus Gelsenkirchen-Bismarck kamen: Carola, Bärbel und Anne. Wobei ich allerdings ausschließlich Augen für Carola hatte. Leider wusste ich nicht, wie ich es anstellen sollte, in den Pausen ein Gespräch mit ihr zu beginnen.

»Geh einfach hin und sag irgendwas«, schlug Rüdiger vor.

»Was denn?«

»Na, dass sie schöne Haare hat zum Beispiel.«

»Das sag ihr besser mal selbst.«

»Bin ich in sie verliebt oder du?«

»Wer sagt denn, dass ich verliebt bin ...«

»Niemand. Es sehen bloß alle.«

Am Samstagabend wurden im Saal erst Spiele veranstaltet, anschließend das Licht abgedunkelt und Platten aufgelegt. Als Carola zufällig in meiner Nähe stand, reagierte Harry mit der schief stehenden Nase sofort. Er brach den Song, der gerade lief, abrupt ab und legte blitzschnell »I'm not in Love« von 10cc auf. Dann schaute er uns an und sagte: »Was ist? Worauf wartet ihr noch?«

Carola und ich legten die Arme umeinander, und ich tanzte meinen ersten Klammerblues. Er schien endlos zu sein, war er aber leider nicht.

Der Song klang aus, Carola hob ihren Kopf von meiner Brust. Was sollte ich nun tun? Sie auffordern, mit mir weiterzutanzen? Gute Idee, aber ich bekam kein Wort über die Lippen. Irgendwie war mir mein Sprachzentrum abhandengekommen, und ich stand wie ein Vollidiot da.

»Lust, ihr zwei, mich am Plattenteller abzulösen?«, fragte Harry.

Kommunisten waren großartige Menschen, soviel stand fest. Unsere Köpfe dicht beieinander, gingen Carola und ich die Schallplatten durch.

Auf der Rückfahrt ins Ruhrgebiet tauschten wir im Bus Adressen und Telefonnummern aus: ich mit Carola, Rüdiger mit Kerstin Schenkenberger, die ebenfalls aus Gelsenkirchen kam. Gelsenkirchen – das lag gefühlt mindestens fünfhundert Kilometer von Dortmund entfernt.

Carolas Hand zu ergreifen oder sie sogar zu küssen, traute ich mich nicht. Aber wir hatten verabredet, dass Rüdi und ich nach Gelsenkirchen kommen würden, um die Mädchen zu besuchen.

Zum Jahreswechsel bescherte das Wetter dem Norden Deutschlands einen Wintereinbruch, dessen Ausmaße zunächst niemand absehen konnte. Während über Weihnachten überall in Deutschland Tauwetter herrschte, braute sich von Norden kommend ein massiver Kälteeinbruch zusammen. Ein stabiles Hochdruckgebiet über Skandinavien und ein Tiefdruckgebiet über dem Rheinland stießen über der Ostsee zusammen. Die Katastrophe begann am 28. Dezember, als es im nördlichen Teil Schleswig-Holsteins im Laufe des Nachmittages zu schneien begann. Während der Nacht verschärfte sich die Situation, und aus dem zunächst dichten Schneegestöber, das nach und nach das ganze Land überzog, wurde ein ausgewachsener Schneesturm, der mit bis zu Windstärke 10 wütete und fünf Tage lang andauerte. Die Ostsee vor Sassnitz fror innerhalb weniger Stunden vollständig zu. Meterhohe Schneeverwehungen brachten den Straßen- und Eisenbahnverkehr zum Erliegen, viele Ortschaften waren abgeschnitten von der Außenwelt.

Klaus, Rüdiger und ich (Mitte)

Strom- und Telefonnetze fielen aus, da sich bis zu dreißig Zentimeter dicke Eispanzer um die Leitungen legten und die Strom- und Telefonmasten unter dem Gewicht zusammenbrachen. Räumfahrzeuge der Gemeinden konnten die Schneemassen nicht mehr bewältigen, sodass die Bundeswehr mit Panzern eingesetzt wurde, um liegen gebliebene Fahrzeuge und Züge zu erreichen. Viehbestände gingen zugrunde, Bäckereien konnten ohne Strom nicht mehr backen, es herrschte Mangel an Brot.

Auch in Dortmund-Brechten waren die Felder und Wiesen von einer dicken Schneeschicht bedeckt, und auf den zugefrorenen Teichen spielten Kinder Eishockey. Mama strickte Martin und mir dicke Norwegerpullis. Ich dachte an Carola, die ich bislang nicht wiedergesehen hatte. Erst Anfang Januar, so hatten wir es brieflich verabredet, würden Rüdiger und ich die Mädchen in Gelsenkirchen besuchen.

Den Silvesterabend verbrachte ich auf einer Fete in Dortmund-Mengede, zu der mich ein Mädchen von der Gertrud-Bäumler-Schule eingeladen hatte. Das Dumme war nur, dass sie selbst gar nicht erschien und ich von Martina, der Gastgeberin, angeguckt wurde, als hätte ich mir den Zutritt erschlichen.

Die Party selbst erwies sich als völliger Reinfall. Vor zwölf Uhr langweilte sich alles, danach wurde es schlimmer. Ein gewisser Torsten legte dreimal hintereinander »Yes, Sir, I Can Boogie« auf. Der andere Song, den er spielte, war »Yesterday Man« von Chris Andrews. Als ich ihn zur Rede stellte, erklärte er mir, diese beiden Singles wären die einzige verfügbare Musik, ansonsten seien nur Hörspielplatten vorhanden. Das Schlimme war: Er sagte die Wahrheit.

Als einer der Gäste tatsächlich eine »Kleiner-König-Kallewirsch«-LP auf den Plattenteller legte und den Tonarm aufsetzte, wusste ich, dass es an der Zeit war zu gehen. Blöd nur, dass ich mich in Mengede befand. Bis Brechten waren es gut und gern sechs Kilometer, vielleicht sogar mehr. Also entschied ich mich, die kürzeste Route zu nehmen, quer über die Kohlehalden, die unter einer dicken Schneeschicht glitzerten – die Entscheidung eines Schwachsinnigen, der von Kohle und ihrem Rutschverhalten nicht die geringste Ahnung hatte. Kaum hatte ich mich ein paar Meter in die Höhe gekämpft, geriet die unter dem Schnee verborgene Kohle in Bewegung, sackte nach unten und ich mit ihr mit.

Laut meiner Armbanduhr kämpfte ich mich bereits seit über zwei Stunden die Halden hinauf und hinunter und wieder hinauf, war aber noch nicht wirklich vorwärtsgekommen. Als ich wieder einmal abwärts kugelte und mich, vom Schnee bis auf die Unterhose durchnässt, aufrappelte, schlug ich mich nicht minder mühsam zur Mengeder Straße zurück. Im Licht der Straßenlaternen entdeckte ich, dass nicht nur der Schnee seine Spuren auf meiner Kleidung hinterlassen hatte, sondern auch die Kohle.

Kurz vor sechs traf ich zu Hause ein und stieß, völlig durchgefroren und entkräftet, auf meinen Vater, der soeben von seiner Minicar-Nachtschicht zurückgekehrt war. Er schaute mich an, als dächte er über eine sehr späte Abtreibung nach. Vor dem Badezimmerspiegel sah ich, warum. Ich sah aus wie ein Kumpel nach zwölf Stunden im Schacht, Roberto Blanco war nichts gegen mich.

Ich stellte mich in die Badewanne und spritzte mich ab. Als Mama später die Bescherung entdeckte, flippte sie aus. Das ganze Bad war mit Kohle verschmiert. Ich war einfach zu müde gewesen, um selbst noch sauber zu machen.

Erst abends gegen sieben wachte ich auf, fiebrig und schwach. Ich aß etwas Suppe und verkroch mich wieder ins Bett.

1979

SHEIK YERBOUTI

Das neue Jahr machte im Wesentlichen dort weiter, wo das alte aufgehört hatte: Norddeutschland kämpfte mit dem Schnee, und Onkel Catcher lag im Krankenhaus, weil er im *Hafentor* den Sinn des Universums angezweifelt, Tische und Stühle zerschlagen und sich ein kurzes Scharmützel mit der Polizei geliefert hatte. Wie immer, wenn wir ihn im Krankenhaus besuchten, lag er nur mit einer Unterhose bekleidet auf dem Bett, eine Roth-Händle ohne Filter im Mund.

Rüdiger und ich fuhren mit dem Zug nach Gelsenkirchen, stiegen am Hauptbahnhof in einen Bus und fuhren nach Bismarck hinaus. Das Treffen fand in der elterlichen Wohnung von Kerstin Schenkenberger statt, und leider waren wir nicht nur zu viert, sondern auch Bärbel und Anne waren gekommen. Zu allem Unglück sah ich auch noch wie ein kompletter Dorfidiot aus, denn ich hatte meine Mutter am Vortag gebeten, mir die Haare zu schneiden, was gründlich danebengegangen war. Was mir nun fehlte, war ein Seil, an dem ich mich aufhängen konnte.

Kurz bevor wir wieder zurückfuhren, nahm ich all meinen Mut zusammen und ergriff Carolas Hand. Sie erwiderte meinen Druck. Nun hätte ich mich eigentlich zu ihr beugen müssen, um sie zu küssen, doch ausgerechnet da erschien Herr Schenkenberger im Kinderzimmer und sagte, dass er uns nun zum Bahnhof fahren würde. Komisch, aber warum war ich ihm nicht dankbar dafür?

Im Februar zeigte der Winter noch einmal, was er so draufhatte, und begrub nicht nur abermals Schleswig-Holstein, sondern auch Dortmund komplett unter Schnee. Rüdiger und ich liefen über die weiß daliegenden Felder und traten die Namen unserer Freundinnen in der Größe der peruanischen Nazca-Linien in den Schnee. Mit dem Namen Kerstin Schenkenberger hatte Rüdi deutlich mehr Arbeit als ich.

Erst Ende Februar sahen wir die Mädchen wieder. Abermals gelang es mir nicht, den richtigen Augenblick auszuwählen, um Carola endlich zu küssen. Rüdi und Kerstin dagegen knutschten hemmungslos rum. Wie gern wären Carola und ich an ihrer Stelle gewesen.

***

Dieter Thomas Heck moderierte nun auch *Die Pyramide,* eine Spielshow im Vorabendprogramm. Aufregender aber war die Serie *Drei Engel für Charlie,* in der drei klasse aussehende Frauen im Auftrag ihres ihnen unbekannten Chefs, der sich nur per Telefon meldete, Kriminalfälle lösten. Aber es wurde noch besser: Samstags erhielt das ZDF nun von einem Außerirdischen vom Planeten Ork Besuch. Rüdi und ich wurden leidenschaftliche Fans von *Mork vom Ork.* Diesmal sahen uns selbst Christian, Klaus und Friedhelm seltsam an.

Andreas Kuss verprügelte Rüdiger Kurek, und ich verprügelte ihn, weil er meinem Freund was angetan hatte. Empört schellte Andreas Kuss bei uns an, um sich bei meiner Mutter über mich zu beschweren.

Meine Mutter holte kurz Schwung und verpasste ihm eine Ohrfeige: »Da hasse noch eine – fürs Petzen!« und schlug die Tür vor ihm zu.

Eine Viertelstunde später schellte es erneut. Diesmal stand

Herr Kuss in der Tür. Meine Mutter holte kurz Schwung, ohrfeigte ihn und sagte: »Ihre Frau kann auch gern eine haben.«
Herr Kuss stand da und kriegte den Mund nicht mehr zu.

Wieder fuhren Rüdi und ich in das Naturfreundehaus in Greven. Drei Tage am Stück mit Carola und Kerstin! Und endlich kam es auch zum lang ersehnten ersten Kuss zwischen Carola und mir, während eines Spaziergangs im Wald, bei dem wir endlich, endlich einmal ganz allein waren. Schüchtern trat ich vor sie hin, und Carola legte ihre schlanken, wunderschönen Hände sanft auf meine Brust. Und weil ich ein einziges Mal kein Vollidiot war, senkte ich meinen Kopf zu ihr hinab, und meine Lippen fanden die ihren. Das Gefühl, ihre Zunge zu spüren! Sich zärtlich aneinanderzupressen! Mein Gott, welche nie geahnten Wunder das Leben bereithielt! Lieben und geliebt zu werden, vor Glückseligkeit ganz benommen und meschugge zu sein ... Carola und ich küssten uns, bis unsere Lippen ganz wund waren.
Harry mit der schief stehenden Nase hatte eine Platte mitgebracht, »Sheik Yerbouti« von Frank Zappa. Rüdi und ich waren auf der Stelle infiziert. Vor allem der Song »Give an Apple« hatte es uns angetan. Harry aber klärte uns auf. Wir hatten uns verhört. Nicht »Give an Apple« sang Frank Zappa in dem Lied, sondern »You're an Asshole«. Jetzt waren wir erst recht infiziert. Kaum zurück in Dortmund, fuhren wir in die Stadt und kauften uns jeder die Doppel-LP.

Im Radio wurde plötzlich eine Gruppe namens Dschingis Khan mit ihrem gleichnamigen Lied rauf und runter gespielt. Es war das absolute Grauen. Gab es keine Lieder mehr wie »Straßburg lag im Sonnenschein«!? Gut, dass wir Frank Zappa hatten! Auch Klaus war begeistert von dieser Musik, die völlig anders war, nämlich schräg und vor allem witzig. Wir fuhren zu »Elpi«, einem Plattenladen auf dem Platz von Leeds, und kauften uns die Alben »Over-Nite Sensation« (Klaus), »Apostrophe (')« (Rüdiger) und »Zappa in New York« (ich). Im Partykeller von Klaus hörten wir sie uns an und spielten Doppelkopf. Schwere Zeiten für Christian und Friedhelm, denn sie bevorzugten The Byrds (Christian) und The B-52's (Friedhelm), eine brandneue Band aus Amerika, deren Sängerinnen Bienenkorbfrisuren trugen. Sie machten ziemlich eigenartige Musik, eine Mischung aus Retro und New Wave. Aber bitte, wer's mochte.

Nach den Ferien wechselte ich in die Oberstufe des Einstein-Gymasiums in der Brauhausstraße im Dortmunder Norden. Eigentlich hatte ich Förster werden wollen, doch für die Aufnahme an der Forstschule in Münster war ich zu jung. Außerdem hatte ich mich beim Bewerbungsgespräch angestellt wie einer, der nicht alle Datteln an der Palme hat.

»Und warum möchten Sie Förster werden?«

»Ich mag Bäume.«

Schutz der Natur? Hege und Pflege des Wild- und Baumbestandes? Nichts davon kam mir über die Lippen.

Nun also war ich auf dem Gymnasium – der Erste aus meiner Sippe, ein komisches Gefühl. Merkwürdig auch, Mädchen in der Klasse zu haben! Man wusste gar nicht, wo man hingucken sollte! Vor allem Sylvia Hagenhoff und Karin Glorius machten mich nervös, und ich schämte mich, weil doch Carola meine Freundin war. Neu war auch, dass man von den Lehrern nicht mehr angeschrien oder als Kretin bezeichnet wurde. Solche Schulen gab es also auch. Und ein Lernpensum, das mich schwindelig machte. In Mathe verstand ich bald schon gar nichts mehr.

Weil ich auf der Realschule ab der Neunten keine zweite Fremdsprache gehabt hatte, musste ich mich nun für Französisch, Latein oder Russisch entscheiden. Weil ich nicht alle Datteln an der Palme hatte, entschied ich mich für Russisch. Schon das Erlernen der kyrillischen Buchstaben ließ mich verzweifeln. Ebenso gut hätte ich versuchen können, Bantu-Chinesisch zu lernen.

***

Für die Sommerferien war Großes geplant: eine Reise zu einem Onkel meines Vaters (und Bruder meiner Oma) nach Vancouver in Kanada.

Von Frankfurt aus ging es mit einem Zwischenstopp auf Island nach British Columbia. An Bord: Omma Zarth, mein Vater, Onkel Manni, Onkel Catcher und ich. Omma freute sich, ihren nach dem Krieg ausgewanderten Bruder nach Jahrzehnten der Trennung nun endlich wiederzusehen. Vater, Manni und Catcher freuten sich auf die Spielcasinos von Reno, wohin sie einen Abstecher planten.

Nach der Landung auf dem Vancouver International Airport wandte sich Onkel Manni an seinen Bruder: »Echt, Catcher, allmählich langweilen mich die ewigen Prügeleien an Bord.« Dann wurde er von örtlichen Flugsicherheitsbeamten abgeführt. Nach langem Einreden Onkel Walters auf die Beamten und mit der Zusicherung, dergleichen würde nicht mehr geschehen, erhielt Onkel Manni, nachdem er eine Geldstrafe gezahlt hatte, endlich den Einreisestempel.

Onkel Walter war nahezu blind. Wie er berichtete, betrug seine Sehfähigkeit auf dem rechten Auge zwölf Prozent. Das linke allerdings sei nicht mehr so gut. Was ihn jedoch nicht davon abhielt, auf der Fahrerseite seines blauen Buick einzusteigen und sich schroff in den Verkehr einzufädeln.

»Hans-Jürgen«, ließ er meinen Vater wissen. »Du sagst mir, wann ich bremsen muss. Die Strecke hab ich im Kopf.«

Onkel Manni, ohnehin beim Autofahren immer von Ängsten

geplagt, war nahe dran, in Ohnmacht zu fallen. Aber Onkel Walter fuhr gar nicht mal schlecht. Hin und wieder touchierte er zwar andere Wagen, dennoch brachte er uns sicher ans Ziel. Kaum dass er den Buick in der Garageneinfahrt gestoppt hatte, öffnete Onkel Manni die Tür, um sich zu übergeben. Bleich wie ein Gespenst folgte er Onkel Walter ins Haus.

Im Esszimmer hatte Tante Paula bereits den Tisch festlich gedeckt. Alles lag bereit: neue Kartenspiele, Jetons in Grün, Blau, Gelb, Rosa und Schwarz, Sandwiches und Zigaretten. Außerdem stand für jeden Spieler ein großer Aschenbecher am Platz.

»Herzlich willkommen!«, sagte Tante Paula auf Deutsch. »Ich hoffe, ich habe alles richtig gemacht.«

Hatte sie. Vier Tage Vancouver, und die Erwachsenen verließen das Haus nicht ein einziges Mal.

»Ich weiß nicht, wie Onkel Walter es macht, seine Karten zu sehen«, sagte Onkel Manni, als er am zweiten Tag kurz mal zur Toilette ging, »aber er spielt gar nicht mal schlecht.«

Nach sieben Tagen kam jedoch so etwas wie Unruhe auf. »Nichts gegen Kanada, Onkel Walter«, sagte mein Vater, »scheint mir ein ganz nettes Fleckchen zu sein«, und legte ein Full House mit Buben und Neunen auf den Tisch. »Aber wie wär's denn, mal was anderes zu machen, als immer nur hier im Haus rumzuhängen und Karten zu spielen?«

»Was denn zum Beispiel?«, fragte Onkel Walter.

»Wir könnten runter nach Reno, um dort Karten zu spielen. Wie ich gehört hab, sollen die Casinos dort zu dieser Jahreszeit ganz zauberhaft sein.«

»Scheinen mir ganz vernünftig, deine Verwandten«, ließ sich Tante Paula vernehmen, nahm ihre Zigarre aus dem Mund und konterte das Blatt meines Vaters mit drei Damen und zwei Assen. Sie strich den Topf ein, stand auf und buchte Plätze in einem Überlandbus, der uns am folgenden Tag nach Reno in Nevada bringen würde.

»Mal was Neues, so 'ne Schlägerei in 'nem Bus«, sagte Onkel Catcher, als der Greyhound am zentralen Busbahnhof in Reno stoppte.

»War aber völlig unnötig, Catcher. Die Männer hatten nur gefragt, ob sie dir 'n Bier anbieten dürfen.«

Wir nahmen unsere Koffer entgegen und suchten nach einem Taxi, das uns zu einem Hotel bringen sollte. Als Tante Paula plötzlich rief: »Frieda ist weg!«

Tatsächlich, Omma Zarth war verschwunden. Papa und Onkel Manni fanden sie in einer kleinen Bar gegenüber, wo sie einen einarmigen Banditen mit Quarter-Münzen fütterte. Hartnäckig weigerte sie sich, ins Hotel gefahren zu werden.

»Fahrt ihr schon vor!«, sagte sie. »Ich und der kleine Kerl hier haben grad Freundschaft geschlossen! – Hier, Manni, mach mir mal die fünfzig Dollar klein, ich kann gerade nicht weg.«

Onkel Manni und Vater mussten sie zum Taxi tragen, wobei sie um sich trat und meinen Vater in den Unterarm biss. Sie wurde erst wieder ruhig, als sie im Sands Regency Hotel & Casino vor einem anderen einarmigen Banditen abgesetzt wurde. Wir anderen checkten kurz ein und suchten das Casino auf. Onkel Walter und Tante Paula, mein Vater, Onkel Manni und Onkel Catcher – sie alle hatten plötzlich ein seltsames Leuchten in den Augen.

»Now I know God is a gambler!«, sagte Onkel Walter gerührt.

Papa und Onkel Catcher hatten Tränen der Freude im Blick, während Onkel Manni schon am Black-Jack-Tisch saß und sich eine Karte aushändigen ließ. Auf mich machte das, was ich sah, einen anderen Eindruck. Obwohl es den Menschen leichtfiel, eine Kuh von einem Schmetterling zu unterscheiden, gab es andere Dinge, die auseinanderzuhalten sie gründlich überforderte. Seit Jahrtausenden verwechselten sie nun schon ihre Träume von eigener Größe und Bedeutung mit Geld. Und weil es so war, hatten sie ihrer ruinösen Sehnsucht am Rande der Steppe einen gewaltigen Tempel errichtet. Hier frönten sie einer Religion, die ihnen Schmerz und Befriedigung gab.

Tante Paula drückte mir einen gefälschten Ausweis mit einem Foto, das mir leidlich ähnlich sah, sowie hundert Dollar in bar in die Hand und sagte: »Viel Spaß!«

Scheiß was auf den ersten Eindruck! Es war wunderbar, am Leben zu sein. Es war wunderbar, in Reno zu sein. Ich wechselte das Bargeld in Jetons und schaute mich um, bis ich einen Roulette-Tisch entdeckte. Was die spanischen Konquistadoren vergeblich zu entdecken versuchten – hier, am Fuße der Sierra Nevada im Washoe County, war es doch noch entstanden, das sagenhafte El Dorado, Urtraum ungeahnten Reichtums und süßer Verheißung. Zu den ältesten Empfindungen der Menschheit zählte neben der Schadenfreude die Gier, die in dieser archaischen Kleinstadt, die sich »the biggest little city in the world« nannte, reichlich und unentwegt Nahrung erhielt, bis vielleicht eines Tages ein Meteor der monumentgewordenen Lasterhaftigkeit ihr Ende diktierte. Diese verstaubte Stadt war die Verneinung Gottes, der grelle, lichtdurchtoste Beweis, dass niemand ihn brauchte, weil man es vorzog, sich von Begierden und niederen Gelüsten leiten zu lassen. Eine verkommene, eine böse, eine herrliche Stadt. Ich setzte zwanzig Dollar auf Rot und gewann. Das Fieber packte mich.

Noch einmal Rot ... wieder gewonnen!

Plötzlich stand mein Vater neben mir: »Die 17! Setz auf die 17! Ich spür, dass sie kommt.«

Ich setzte auf die 23, die 22 kam.

»Die 17!«, sagte Papa. »Dieses Mal kommt sie, ich spür's!«

Er setzte auf die 17, ich auf die 3, die 31 kam.

»Macht es dir was aus, an einem anderen Tisch zu spielen?«, fragte ich ihn.

»Ich wollte dir nur helfen«, entgegnete er, »aber wenn du meine Erfahrung nicht willst ...«

Papa ging zu einem anderen Tisch. Ich setzte auf die 12. Die 17 kam.

Zehn Stunden später beschlossen wir, kurz mal unsere Zimmer anzusehen und etwas zu schlafen. Nur Omma Zarth weigerte sich, ihren Platz vor dem Automaten zu verlassen.

Als ich erwachte, entschied ich, etwas zu essen und mich anschließend von einem Shuttle-Bus zum Lake Tahoe bringen zu lassen, wo sich die Ponderosa-Ranch der Cartwrights befand. Am Roulette-Tisch stieß ich auf Onkel Manni und meinen Vater und gab ihnen Bescheid.

»Die 17!«, rief Papa seinem Bruder zu. »Spiel die 17! Ich spür es, sie kommt!«

Die 33 kam.

Ich beschloss, nicht zum Lake Tahoe zu fahren, setzte mich zu ihnen und platzierte zwanzig Dollar auf Schwarz.

»So bringt das doch nichts«, sagte mein Vater. »Versuch mal die 17. Oder die Null.«

Im Hintergrund an der Bar entdeckte ich unseren Busfahrer, Arm in Arm mit einer aufgedonnerten Blonden und völlig betrunken. Als er uns erkannte, rief er uns zu: »Seventeen! Seventeen!«

Die Kugel rollte aus, es kam die 2.

Papa schickte mich los, nach Omma gucken. Weil sie übermüdet war, zwischendurch immer wieder einschlief und drohte, von ihrem Hocker zu fallen, hatte sie sich mit Hilfe ihres Gürtels am Automaten festgebunden, aus Furcht, irgendwer anders könnte *ihren* Automaten okkupieren. Als ich sie vorsichtig weckte und sie bat, kurz ein wenig schlafen zu gehen, winkte sie ärgerlich ab.

»Münzen! Ich brauche Münzen! Hier hast du Geld. Beeil dich, hörst du? Los, mach schon, was trödelst du rum?«

Die Abreise nahte. Alle saßen wir bereits im Bus, übermüdet und pleite, nur Omma Zarth fehlte noch. Onkel Catcher und Onkel Manni gingen sie holen. Verzweifelt umklammerte sie den einarmigen Banditen und schrie lautstark um Hilfe.

Erst mit der Unterstützung des herbeigeeilten Sicherheitspersonals gelang es meinen Onkeln, ihre Mutter niederzuringen und in den Bus zu verfrachten. Kaum dass sie saß, schlief sie auch schon ein. Drei Tage Reno hatten ihre Spuren hinterlassen.

Onkel Manni und Papa stritten, wer beim Roulette die dümmeren Fehler gemacht hatte.

»Die 17!«, rief Papa. »Ich hab dir gesagt, du sollst die 17 nehmen! Die 17 ist die Zahl, die am häufigsten kommt!«

Der Bus setzte sich in Bewegung, und wir ließen Reno hinter uns.

Kurz vor der kanadischen Grenze merkte Onkel Catcher auf. Auf dem Sitz vor ihm schnarchte unser Busfahrer, augenscheinlich voll wie ein Amtmann.

»Moment mal!«, rief Onkel Manni erschrocken. »Wenn das da unser Fahrer ist, wer fährt dann den Bus?«

»Na, wer schon«, sagte mein Vater. »Onkel Walter, wieso?«

»Hans-Jürgen!«, rief es von vorne. »Komm her und sag mir, wann ich bremsen muss. Die Grenze müsste gleich kommen.«

Vor dem Rückflug nach Deutschland legte das Flugsicherheitspersonal Onkel Manni Handschellen an.

1980

ONCE IN A LIFETIME

Auf dem Plakat stand es: Am 25. Mai würden Led Zeppelin in der Westfalenhalle spielen! Ich starrte auf die Ankündigung, als sei sie eine Fata Morgana, die sich jeden Augenblick auflösen könnte. Aber die Verheißung des kommenden Wunders war völlig real. Led Zeppelin kamen nach Dortmund. Ich musste nur noch eine Karte besorgen. Und dazu brauchte ich Geld.

Ich besuchte Onkel Catcher, der seinen Job bei Hoesch aufgegeben hatte und neuerdings als Mechaniker in einer Autowerkstatt an der Bornstraße arbeitete.

»Hi, Beubach!«, begrüßte er mich. »Und Beubach heißt Freund.«

Irgendetwas stimmte nicht mit ihm, und es dauerte lange, bis ich endlich drauf kam: Onkel Catcher rauchte nicht mehr.

»Die Lunge, Micky! Die Lunge! Und du weißt doch, woll, mit meinem Asthma war das sowieso nicht das Gelbe vom Ei.«

Ich wartete, bis er eine kleine Pause machte, und wir spielten ein paar Runden Siebzehnundvier. Ich gewann zwar ein paar Mark, aber für die Konzertkarte reichte es nicht. Also fing ich als Aushilfe im Kiosk in der Herderstraße an, wie ich schnell merkte eine ziemlich blöde Idee.

Ein kleines Mädchen kam an den Schalter, legte einen einsamen Groschen auf die Theke und zeigte auf ein Glas mit Bonbons, das Stück zu zehn Pfennig. Ich nahm eine große Tüte und schaufelte sie voll bis über den Rand.

»Nicht alle auf einmal essen!«, ermahnte ich die Kleine.

Sie nickte sehr ernst und machte sich mit einem strahlenden Lächeln davon.

Etwa eine halbe Stunde darauf erschien ein kleiner Junge am Fenster, zerzaust und verdreckt. Er schob ebenfalls einen Groschen über die Theke und zeigte auf dasselbe Glas mit Bonbons. Ich fischte eines heraus und gab es ihm in die schmutzige Hand. Er stutzte. »Die Petra hat eine ganze Tüte gekriegt«, krähte er los und kreuzte die Arme über der Brust. »Das ist ungerecht!«, sagte er trotzig.

»Sag Petra, sie soll mit dir teilen«, erwiderte ich.

Er sah mir fest in die Augen und sagte: »Arschloch! Ich sag Petras Mutter, du hast ihr Bonbons gegeben, damit du sie unterm Kleid anfassen darfst. Ich werde sagen, du hast deine Hand in ihr Höschen gesteckt!«

»Verschwinde! Hau ab!«, erwiderte ich. »Oder ich versohl dir den Hintern!«

»Ich sag ihrer Mutter, du hast Schweinereien mit Petra gemacht!«, wiederholte er stur. »Dann bist du dran, du Wichser! Dann kommst du in den Knast!«

Die kleine Kröte feixte mich an. Vor meinem geistigen Auge erschienen Bilder, wie ich den Rest des Tages auf der Polizeiwache verbrachte, mir gegenüber ein mies gelaunter Kommissar, der von meiner Schuld überzeugt war.

»Hör zu, du Schwein«, hörte ich ihn sagen. »Wieso hast du der Kleinen Bonbons geschenkt, wenn du angeblich nichts von ihr wolltest? Weil du der Weihnachtsmann bist?«

Der verschmutzte kleine Bastard blickte mich kaltschnäuzig an. »Und ein Eis will ich auch, aber ein großes!«

Ich gab ihm die Bonbons und das Eis und sagte: »Erstick dran!«

Aber ich wusste bereits, in dieser Welt war kein Platz mehr für Wunder. Man wurde von Schneekatastrophen, der Liebe und sechsjährigen Gangstern gequält, und niemand scherte sich drum.

»Bis morgen, Arschloch!«, sagte der Bastard. »Dann komme ich wieder.«

Er kam tatsächlich wieder. Zum Glück stand gerade Manna Nüst bei mir im Fenster, um sich Zigaretten zu holen. Ich hatte ihm die Geschichte von dem Mini-Gangster gerade eben erzählt. Also legte Manna seine riesige Pranke auf die Schulter des kleinen Gangsters und sagte: »Du musst hier noch 'n Eis bezahlen, du Scheißer!«, und der kleine Scheißer begriff.

Ich hatte sie! Ich war stolzer Besitzer einer Eintrittskarte für ein Led-Zeppelin-Konzert. Der 25. Mai – er konnte kommen. Dumm nur, dass am selben Wochenende auch das Pfingstcamp der Naturfreunde stattfinden sollte, wo ich Carola würde wiedersehen können. Und nicht nur das. Sie und ich würden in einem gemeinsamen Zelt übernachten können! Und so kam es, dass ich mich, obwohl ich dem Konzert entgegenfieberte wie Omma Zarth einem Lottogewinn, dazu entschloss, am 25. Mai nicht in die Westfalenhalle zu gehen, sondern mit Rüdi, Klaus, Christian und Friedhelm auf das Pfingstcamp der Naturfreunde in Bochum zu fahren. Vielleicht würde zwischen Carola und mir ja mehr passieren, als nur Küsse auszutauschen. Vielleicht würde es zu Petting kommen, eine schier unglaubliche Vorstellung, was immer das auch sein sollte: Petting.

Aber als Carola und ich spät abends im Zelt nebeneinanderlagen, war es wie immer. Ich fand einfach nicht den Mut, etwas in diese Richtung zu tun. Ohne dass etwas geschah, schliefen wir ein. Das heißt, Carola schlief ein. Ich lag bis zum Morgen wach und ärgerte mich über mich selbst. Gar keine Frage, dass ich ein Vollidiot war!

Büdchen in den Siebzigern

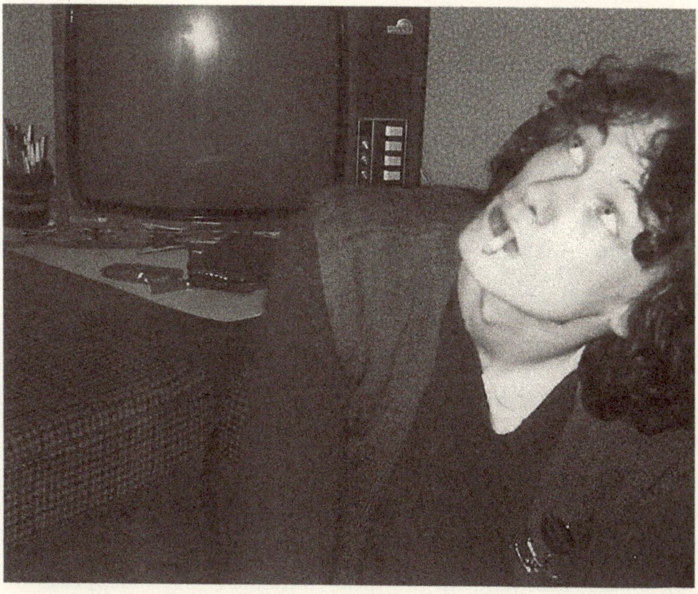

Mit sechzehn

Zurück in Dortmund erfuhr ich von Guido Niebecker, dass das Konzert von Led Zeppelin verlegt worden war, auf den 17. Juni!

Ich konnte mein Glück kaum fassen. Irgendwelche Götter dort oben mussten mich lieben, wahrscheinlich Black Jack, der Gott der Zocker und Irren.

Bereits um 19.30 Uhr schoben sich die Menschenmassen auf die Eingänge zu. In der Menge entdeckte ich Harry mit der schief stehenden Nase, kam aber nicht zu ihm durch.

Punkt acht ging das Licht aus, und John Paul Jones, Robert Plant, John Bonham und Jimmy Page betraten die Bühne. Ein Aufschrei des Entzückens brandete auf. Ich aber wollte meinen Augen kaum trauen. Jimmy Page wirkte ausgemergelt und schwach und trug eine Bundfaltenhose, John Paul Jones eine hässliche Kurzhaarfrisur.

Noch schlimmer hatte es Robert Plant erwischt, der aussah wie eine unglückliche Mischung aus Bernhard Brink und Graham Bonney. Ich war maßlos enttäuscht. Jahre hatte ich auf diesen Augenblick gewartet und mir herbeigesehnt, die größte und wildeste Rockband dieses Planeten endlich einmal live zu erleben, und nun sahen meine Götter aus wie Popper. Wozu hatte ich mir eigentlich die Haare lang wachsen lassen? Und wieso befand ich mich ausgerechnet in dem Moment auf der Toilette, als »Stairway To Heaven« erklang?

Kurz vor 21 Uhr spielten Led Zeppelin »Whole Lotta Love« und »Heartbreaker«, dann war es vorbei. Die Band verschwand von der Bühne, und fast augenblicklich ging das Hallenlicht an. Die Band, der der Ruf vorauseilte, Konzerte von dreieinhalb Stunden oder länger zu spielen, hatte inklusive Zugabe gerade mal eine Stunde gespielt. So ein Betrug! Nur wenige Monate später sollte John Bonham, ihr Dummer, versterben. Led Zeppelin lösten sich auf.

Draußen vor der Westfalenhalle, auf dem Weg zur Straßenbahnhaltestelle, dröhnte mir aus einem Autoradio »Once In A Lifetime« von den Talking Heads entgegen, ein seltsamer, neuer Sound, der sich mit der milden Juniluft mischte. Irgendetwas war anders geworden. Ich war sechzehn, und die Siebziger waren vorbei.

EPILOG

Rüdiger, Klaus, Christian, Friedhelm und ich verloren uns Mitte der Achtziger Jahre aus den Augen. Ulrich Kuffel habe ich seit der Realschulzeit nicht wieder gesehen. Es ging das Gerücht, er wäre nach Ibiza gegangen. Guido Niebecker lebt noch immer im Rauhen Kamp in Dortmund-Brechten und führt einen Elektrobetrieb. Kirsten Reddehase zog nach dem Abitur nach Paris, heiratete unglücklich und ist inzwischen geschieden. Der Verein der Naturfreunde erlitt einen massiven Mitgliederschwund und besteht nur noch als Schatten seiner selbst. Ich bin nicht Förster geworden.

Und Carola? Zwei Jahre, zwei Monate und zwei Tage sind wir zusammen gewesen. Ich war ein schmachtender Ritter, der nicht alle Datteln an der Palme hatte und seltsame Gedichte schrieb. Ich kleidete mich wie ein Freak und bekam nicht viel auf die Reihe. Ich wusste nichts vom Leben, von seinen Niederlagen, nichts vom genetisch bedingten Irrsinn im Verhältnis von Männern und Frauen. Aber ich hatte die Liebe kennengelernt – auch die, die meine wunderbare Familie und Sippe mir entgegenbrachte und immer noch entgegenbringt. Euch allen sei gedankt, allen voran meiner Mutter, meinem Vater und meiner Omma, meinen Onkeln und Tanten, meinen beiden Brüdern und den vielen, vielen Cousins und Cousinen. Blut ist dicker als Wasser, und ohne Familie ist man verratzt. Liebe Familie, ich bete euch an! Euch und das wunderbare Ruhrgebiet mit seinem wunderbaren Menschenschlag und seiner einzigartigen Sprache!

»Hömma, wo gehße?«

»Pommes.«

»Ich auch.«

Übersetzung:

»Wohin lenkst du so eilig deine Schritte?«

»Zur Imbissstube, da in meinem Bauche ganz gemein der Hunger nagt.«

»O denke nicht allein an dich, mein Freund, denn sieh, auch ich bin hungrig! Drum sei so gut und bring auch mir, dies meine Bitte, eine Schale in heißem Öl frittierter Stäbchen aus Kartoffelfrüchten mit.«

PS:

Meister Kuffel, sollte dir durch Zufall dieses kleine Buch in die Hände geraten, dann melde dich bei mir. Mich würde brennend interessieren, was du so treibst.

Omma! Vater! Tante Anna! Tante Rita! Ich denke an euch. Mann, Mann, Mann, watt wart ihr doch herrlich bekloppt!

INHALT